JN410537

"그대의 글을 타고
그대의 삶이 살갑게 다가옵니다."

-------------------------------------님께 드립니다.

이 진 술 수필집

가슴에 접어둔 보랏빛 편지

책마을

해천海泉 이 진 술

대구 달성 논공 출생
경북대학교 수의과대학 졸업
월간 「수필문학」 천료로 등단(92년)
대구광역시청문학회 창립회원으로 부회장 역임(95년)
대구광역시보건환경연구원 축산물분석과장(수의연구관) 퇴임(99년)
한국문인협회 · 대구문인협회 회원
대구의 수필 회원. 산문과 시학 동인
한국자연환경보존협회 회원
한국 S·O·S 어린이마을 후원회원
(사)수단어린이장학회 후원회원
한국 카리타스 회원
군종 후원회원
밀알회 평생회원
KBS라디오에 「사랑」 「인간과 개」 등 발표
제3회 '산문과 시학 문학상' 수상

저서

수필집 『바람처럼, 구름처럼』 (1995년, 교음사)
『흙속의 솔바람 소리』 (2012년, 책마을)
『가슴에 접어둔 보랏빛 편지』 (2019년, 책마을)

‖ 목 차 ‖

* 존칭 생략, 무순

제1부
책으로 나누는 정, 마음으로 나누는 정

제2부
그대의 글을 타고 그대 삶이 살갑게 다가옵니다

제3부
우리, 나이는 들어도 늙지는 말자꾸나

제4부
사랑과 겸손으로 은총의 열매가 영급니다

제5부
가족, 그 뭉클하고도 따시한 끈

세 번째 수필집을 묶으면서

지난 시간을 반추하다

편지가 사라져가는 시대라지만 난 여전히 편지가 좋다.
그래서 세 번째 수필집은 주고받은 편지를 위주로 묶는다.

문학 관련 책을 받으면 서둘러 읽고 저자에게 편지를 보내야 직성이 풀린다. 감사의 마음을 전하고 싶어서다. 또한 그것이 책을 보내준 분에 대한 예의라는 생각이 들어서다.

초등학교 3학년인 6·25 전쟁 때 처음으로 국군 아저씨께 위문편지를 쓰기 시작하여 청소년기에는 펜팔을 했다. 문학 활동을 하면서는 전국에서 보내온 책을 읽은 후, 비록 모르는 분이라 해도 저자에게 감사의 편지 또는 답신을 보냈다. 비록 표현력이 부족하더라도 함께 세상을 살아가는 분들과 편지로 소통하며 감사의 마음을 전하고 싶었다.

90년대까지는 거의가 직접 쓴 손편지다.

친한 친구의 편지도 있고, 성직자, 수도자에게 보낸 편지와 답신으로 받은 글도 있다.

문인들과 편지로 나눈 교분은 어설픈 내 수필의 길에 따뜻한 불빛이 되고 위로가 되어주었다.

그런 문인들 중 이젠 고인이 된 분도 많다.

편지를 공개해서 그 분들의 영혼에 누가 되지 않을까 염려스럽기도 하다.

살아오는 동안 정을 나누고, 도움을 주신 많은 분들이 한분한분 곁을 떠나고 있다. 감사의 말 전할 시간이 줄어들고 있음이 슬프다. 내가 기억하든 나를 기억하든 그동안 인연을 맺고 살아온 모든 분들에게 지금이라도 이 책을 통해 감사의 마음을 전하고 싶다.

사전 양해 없이 편지를 공개하여 죄송한 마음이다. 깊이 양해를 구할 뿐이다.

많은 격려를 해주신 문우 여러분과, 귀한 작품을 표지에 사용하도록 허락해주신 한국폴리텍대학 최준영 교수님과, 본문 삽입 사진을 찍어주신 친구 김성길 사진작가와, 기꺼이 출판을 맡아주신 책마을 손희경 대표님께 감사를 드린다.

오늘이 있기까지 늘 곁에서 도와준 아내와 사랑하는 딸 현주, 은주, 소정, 남정에게 가슴으로 고맙다는 말 전한다. 늘 힘이 되어주는 사위 최영호, 남재걸, 최재원, 장우진과 노년의 나에게 항상 자랑거리로 성장하고 있는 손자들 하은, 주형, 수연, 진우, 서윤, 현준에게도 고마움을 전한다.

2019년 1월

이 진 술

제1부

책으로 나누는 정
마음으로 나누는 정

첫 번째 수필집 『바람처럼 구름처럼』과
두 번째 수필집 『흙 속의 솔바람 소리』 출간 후
주고받은 편지

강찬중 선생님께

봄기운이 완연합니다.

그간 안녕하셨습니까?

선생님의 수필집 『하얀 바다의 명상』 잘 읽었습니다.

많은 것을 깨달았습니다. 40여 년 간을 교직에서 훌륭한 스승의 발자취를 남기셨고, 또 가톨릭 신앙인으로서 올바르게 살아오신 선생님께는 어떤 찬사도 부족하다는 생각을 했습니다.

이상을 실현하신 강 선생님은 오늘날 보기 드문 참 교사라는 생각이 듭니다. 교직의 높은 직책에 계시면서 정의의 장학행정을 이끌어 오신 선생님께 경의를 표합니다.

많은 작품 중에서도 「여섯 시간의 자비여행」 「친구」 「억새풀처럼」 「딱 한 잔의 소주」 「용서는 사랑이여」 등을 특히 감명 깊게 읽었습니다.

감사를 드립니다.

항상 건강하시옵고, 가정의 평화를 기원합니다.

2000. 4. 16.

이 진 술(도밍고) 드림

강찬중 선생님께

강 선생님 그동안 안녕하셨습니까?

선생님의 수필집 『느끼며 살며』 잘 읽었습니다.

같은 가톨릭신자로서 제가 살아온 삶이 한없이 부끄럽고 초라하게 느껴지는 순간입니다.

세상의 모든 일, 관계를 맺고 활동하시는 분야, 교분하고 우정을 나누는 동창들에게도 가톨릭적 삶을 바탕으로 하여 참 신앙인으로 살아가시는 모습이 저를 감동케 합니다.

호스피스 활동을 하면서 꺼져가는 친구의 영혼까지도 끝까지 챙기고 보살피시어 천상의 삶을 이루게 하신 거룩한 뜻은 우리 신앙인의 가슴에 오래도록 깊이 남을 것입니다.

일생을 교육자로, 참 신앙인으로 살아오신 선생님께 경의를 표합니다.

늘 건강하시옵고 주님의 평화가 함께하시기를 기원합니다.

2011. 8. 15.

이 진 술(도밍고) 드림

이진술 님께

수필집 『흙 속의 솔바람 소리』 상재를 축하드립니다.

긴 시간이 지난 후 주옥같은 글을 실은 두 번째 수필집 발간을 축하드립니다.

수필집을 받고 바로 몇 편을 읽었는데, 깊은 감동을 받았습니다. 신뢰를 주제로 한 글, 섬김을 생각하게 하는 글 등 인간의 삶속에서 만날 수 있는 다양한 소재를 통해 작품의 품격을 한결 높였습니다.

시간을 내어 읽고 음미하렵니다.

감사합니다.

앞으로도 귀하고 소박한 글들 많이 발표하시고, 문운이 길이 빛나시기를 기원합니다.

2012. 7. 13.

강 찬 중 드림

강찬중 선생님께

강 선생님, 그동안 안녕하셨습니까?

저의 보잘것없는 수필집 발간을 칭찬하고 격려해주신 것에 대하여 진심으로 감사를 드립니다.

글을 쓰다가 종종 '나는 글 쓸 자격이 부족하다'고 느끼곤 합니다. 20년이라는 짧지 않는 세월을 허송했다는 생각도 듭니다.

강 선생님, 같은 신앙인으로서 세상을 살아감을 마음 든든하게 생각합니다.

고맙습니다.

안녕히 계십시오.

2012. 7. 13

이 진 술(도밍고) 드림

이진술 선생님께

보내주신 수필집 『흙 속의 솔바람 소리』 고맙게 잘 받았습니다.

우리의 일상생활, 종교생활, 그리고 가정의 가족이야기 등 평범한 이야기가 문학적으로 형상화되어 감동을 주고 있습니다. 어느 페이지나 넘치는 인간애를 내 이야기처럼 여기면서 참 재미있게 읽었습니다.

수필도 어렵습니다. 너무 쉽게 써도 일기처럼 되고, 너무 현학적으로 쓰면 논문처럼 되고 마니 쓸 때마다 중심을 잡기가 힘듭니다. 역시 쉽고 평범한 이야기도 문학의 틀 속에 잘 갈무리하면 좋은 글이 되는가 봅니다.

고마운 인사로 당연히 저의 수필집도 보내 드려야 하는데 출판된 지가 오래고 보니 출판사에도 남은 책이 없다고 합니다. 죄송합니다.

고맙게 받은 수필집, 짧은 글월로써 감사의 인사를 대신합니다.

이 선생님의 건승과 건필을 빕니다.

2012. 7. 8.

견 일 영 배

공진영 교장선생님께

교장선생님의 수필집 『청진아재와 인절미』를 감동 깊게 잘 읽었습니다.

같은 시대 농촌에서 살아온 저에게 많은 것을 생각하게 하며, 진한 감동을 줍니다. 가정과 학교생활, 자녀들의 사랑 특히 어머님에 대한 남다른 효심을 읽었습니다. 학생들 진학을 위해 남다른 교육관을 가지고 늦은 밤 산을 넘어 다니시며 학생을 가르치신 선생님의 정열에 어찌 감동하지 않을 수가 있겠습니까. 군위군 우보면 봉산동에 '흥농학당'을 세우고 그곳에서 못 배운 이들을 위해 헌신해 오신 교장선생님. 교육계에서 이룬 결실과 걸어오신 발자취가 거룩하게 느껴집니다.

좋은 수필집을 읽고 감사의 뜻을 표합니다.

항상 건강하시옵고 선생님의 가정에 행복이 깃들기를 기원합니다.

1999. 3. 22.

이 진 술 드림

이진술 선생님께

선생님 과세 편히 하셨습니까?

금년엔 늙지 마시고 아프지도 마시고 늘 건강하게 그리고 즐겁게 보내시길 바랍니다.

선생님은 언제 보아도 문장 어른처럼 의젓하시고 철부지처럼 순수하셨습니다.

요즘엔 우리 부부가 아침 산책을 하다가 종종 선생님 이야기를 합니다. 특히 집사람은 이 선생님 이야기가 나오면 숙연해지기까지 합니다.

참 좋은 분, 지금도 범어공원에서 아침 체조를 계속한다면서요?

무척 가고 싶습니다. 그때가 참 좋았던가봅니다. 모두에게 안부 전해주십시오.

마치 고향사람처럼 항시 은은한 정을 주며 가슴 구들목에 머무는 사람, 내 아우 같은 사람, 이진술 선생님.

존경합니다. 사랑합니다.

2008. 2. 3.

공 진 영 올림

이진술 선생님께

수필집 『흙 속의 솔바람 소리』 발간을 진심으로 축하합니다.

오늘 저서를 받고 반가운 마음에 얼른 메일을 드립니다. 내용은 아직 읽어보지 않았습니다만 겉표지부터 따뜻한 정감이 베어나는 듯하였습니다.

선생님 뵈온 지도 수년이 흐른 것 같습니다.

그동안 많이 바쁘셨지요?

건강하시리라 믿습니다.

저도 금년에 책을 발간할까 합니다.

그러나 아직은 자신이 없습니다. 계절은 쉼 없이 흐르고 우리도 늙어가고…… 이렇게 무심하게 늙어가는 것이 운명이요, 사람 사는 모습이겠지요.

이젠 장마철인가 봅니다. 빗속의 우수를 그리며, 늘 건강하시고 행복하세요.

문운이 함께 ᄀ득하시기를 빌겠습니다

2012. 7.

충북 증평에서 문우 **김 고 운** 드립니다

김대환 예총회장님께

김 선생님 밤새 안녕하셨습니까?

11월 26일 영천으로 문학기행 가서 김 선생님의 세심한 배려와 노력으로 영천에 대해서 많은 것을 알았고, 고귀한 문화유산이 많다는 것에 대하여 새삼 놀랐고 많은 것을 깨달았습니다.

김 선생님 진심으로 감사를 드립니다.

많은 시간, 금전 출혈 등 고맙고 미안하게 생각합니다.

두 번째 칼럼집 『금호강』과 제5시집 『인연』 등은 저의 창작활동에 많은 자극제가 될 것입니다.

평소 먼 거리에 계시면서 산문과 시학에 회원으로서 각별히 충실하게 노력해 오신 김 선생님께 감사를 드립니다.

환절기에 건강에 유의하시고 가정의 평화를 기원합니다.

안녕히 계십시오.

2011. 10. 31.

대구에서 **이 진 술** 드림

김민섭 님께

김 선생님 그간 안녕하셨습니까?

두 번째 수필집 『먹이사슬』을 받고, 김 선생님의 수필에 대한 강한 애정과 사랑을 읽었습니다.

간혹 수필세미나에서 만나보고 반갑게 시간을 보낸 일이 있었지만 근래 2~3년 세미나에 불참하고 나서는 선생님 뵈옵기가 어려웠습니다. 그러다 책을 받고 나니 정말 반갑습니다.

'나는 이렇게 살아왔다'라는 김 선생님의 인생역정을 읽었습니다. 파란만장한 삶 속에서도 언제나 좌절하지 않고 일어서는 선생님의 용기와 희망을 엿볼 수가 있었습니다.

퇴직 후에도 열심히 글을 쓰고 계시는 모습이 좋습니다.

이제는 우리도 건강이 제일입니다. 항상 건강하시옵고 가정의 평화를 기원합니다.

안녕히 계십시오.

2002. 5. 19.

대구에서 **이 진 술** 드림

이진술 선생님께

이진술 수필집 『흙 속의 솔바람 소리』 잘 읽었습니다.

서로 술 한 잔 나눈 적은 없지만, 육감으로 느꼈던 이 형은 잔잔한 호수처럼 과묵한 심성이었습니다.

'글이 곧 그 사람'이라더니 역시 『흙 속의 솔바람 소리』는 형의 마음이 그대로 그려져 있었습니다.

단 한 편 「내 생애 가장 아름다운 선물」 만으로도 이 형을 짐작할 것입니다. 내용을 인용해 보겠습니다.

곤궁한 사람에게 먹을 것을 거절하지 말고, 가난한 사람에게 피눈물 흘리게 하지 말라. 영혼이 고독하면 산으로 가라. 본래 걷기를 잘하는 사람은 천성적으로 부지런한 사람이라고 한다. 인간의 모든 지식이 타고난 것이 아니라, 경험을 통해 얻어지므로 책을 읽으면 답을 찾을 수가 있다. 이해인 수녀님은 좋은 책을 많이 읽는 것이 웰빙이며, 성공한 사람은 책을 달고 산다고 하며 밥을 먹듯 하라고 독서를 강조한다. 요즘 CEO들은 책에서 길을 찾는다. 책은 읽는 즐거움을 일찍부터 아는 사람들은 제대로 성장해 갈 수 있는 사람이다. 학창시절 큰 꿈을 안고 열심히 도서관을 찾는 것은 꿈을 실현하는 최선의 지름길이다. 어느 시인이 "그대 옆에 있어도 그대가 그립다." 고 했듯이, 고향에 와서도 고향이 그리운 이 허전한 마음을 달랠 길 없다. 속담에 양반은 글 덕이요, 상놈은 발 덕이라고 했다. 중

용은 가장 알맞고 가장 마땅한 것을 뜻한다. 결코 중간이 아니고 최선의 지점이다. 군자는 늘 홀로 삼간다. 아버지의 영향력은 후손 4대까지 미치는데, 부정적인 영향은 자손대대로 내려가서 같은 문제를 150년 안고 간다고 한다. 나의 아버지는 나를 무릎에 앉히고, 황소는 성질이 사나워 사람을 뜨니까 성질이 순한 암소를 나중에 사주겠다고 하셨다. 아버지란 그 한 마디가 내게는 서러움으로 들린다. 아무리 세상이 변해도 자녀들에게 아버지는 하늘과 같은 존재다. 아버지로서 울타리 역할을 해야 한다. 자녀는 아버지를 보고 자란다. 아버지의 자세가 바르면 자녀는 그 본을 보고 바르게 자란다. 하버트는 한 명의 아버지가 백 명의 선생보다 귀중하다고 했다. 사람이 아무 병 없이 살 수 있는 건강나이는 68세라고 한다.

늘 건강하시길 빕니다.

2012. 10.

김 민 섭 드림

김수림 님께

신록의 5월, 아카시아 꽃향기가 코끝을 자극하는 계절입니다.

김 선생님, 그간 안녕하셨습니까?

광주여류수필집에서 김 선생님의 작품 「정」을 읽었습니다. 공감하는 점이 많습니다.

늘 바쁘게 살아가시는 김 선생님께서는 학교를 그만 두고서도 역시 바쁘게 살아가고 있는가 봅니다.

저 역시 사무실에 나가지 않지만, 더 바쁩니다.

건강을 위해서 수지침을 배우고, 등산을 하고, 교양강좌를 듣고 있습니다.

늘 건강하시고 가정의 평화를 기원합니다.

안녕히 계십시오.

2000년 5월 9일

대구에서 **이 진 술** 드림

十 찬미예수

김수산나 님께

혈육의 정을 나누기 위해 장도에 오르는 김수산나 님과 함께 기쁨의 뜻을 전하고자 합니다.

50여 년의 긴 세월동안 헤어져있던 오빠를 만나는 순간의 그 감흥, 기쁨을 필로써 어찌 표현할 수 있겠습니까?

형제의 정을 듬뿍 나누시고, 여가를 이용해 즐거운 여행이 되시기를 바랍니다. 더군다나 이번 여행은 존경하는 부군과 함께 떠나는 오붓한 가족여행이니 더욱 의의가 있다고 봅니다.

변절기에 각별히 몸조심하고 무사히 귀국 후 건강한 모습으로 뵈옵기를 바랍니다.

내내 건강하십시오

2002. 5. 24.

이 도밍고 드림

이진술(도밍고) 형제님

이를 데 없이 화사한 봄입니다. 과학의 어떤 첨단이 저토록 아름다운 꽃을 피워 적재적소에 배치할 수 있겠습니까. 하느님의 은총에 감사할 수밖에요.

안녕하셨습니까?

지난 가을엔 너무나 큰 선물을 주었기에 그 기쁨 지금도 가슴 뿌듯합니다. 그렇게 귀한 선물은 처음이었거든요.

사모님께도 안부 전해주세요.

주님의 은총이 온가족에게 가득하길.

1998. 12.

부활전야에 **김 수 자**(아가다) 드림

이진술 선생님께

선생님 안녕하십니까.

산문과 사학에 실린 선생님 글 감명 깊게 읽었습니다.

따뜻한 사람의 정이 포근히 전해져오네요. 단단하고 평화로운 가정의 모습이 느껴집니다.

가을이 올 때마다 선생님 생각했어요. 언젠가 보내주신 석류와 꽈리, 세상에서 그보다 귀하고 고마운 선물이 있을까요. 아마 앞으로도 가을이 오고 석류가 익으면 계속 생각 날 거예요.

고맙고 감사한 마음 함께 졸저 2권 보냅니다.

1998. 12.

김 수 자(아가다) 드림

이진술 선생님께

이 선생님께 드립니다.

가을비 내리는 저녁입니다.

길 위에 무수하게 깔려있는 비에 젖은 낙엽이 가엾이 쓸쓸합니다. 96년 가을은 이렇게 떠나가고 우리들 생의 길이도 짧아지겠지요.

저의 졸저 『달의 서곡』을 끝까지 읽고 편지 보내주신 성의에 깊이 고개 숙입니다.

책다운 책도 아닌 것을 엮는다고 여름 내내 진을 뺀 탓인지 또 한 번 어려운 고비를 넘기고 오늘에서야 겨우 까슬하게 수척해진 몸 추스르고 회답을 드립니다.

팔공산에서 가진 수필문학 천료작가회를 주선하시느라 대구지방의 동인들께서 수고가 많으셨던 것으로 알고 있습니다. 저는 전화 받고 대단히 죄송했습니다. 모처럼의 기회라 거절하지 못하고 비실거리며 떠났던 백암의 여행 때문에 병만 덧나가지고 돌아왔습니다.

겨울총회 때 뵙기로 하고 난필을 줄이옵니다.

모쪼록 낙엽의 계절에 깊은 사고와 아름다운 감성으로 조화로운 좋은 작품을 생산하시길 기원합니다.

1996년 11월 13일 저녁 9시 40분

삼성산에서 **김 애 자** 드림

※ 책에 싸인 해드리지 못해 죄송합니다.

발송을 제가 못하고 아이들을 시켰습니다.

책을 부쳐야 하겠고 제 몸은 따라주지 못하여 그리 되었던 것입니다.

이진술 선생께

수필집 『바람처럼 구름처럼』 고맙게 잘 받았습니다.
자세히 읽고 소중히 보관 하겠습니다.
건필을 빕니다.

1996. 1. 20

여 영 택

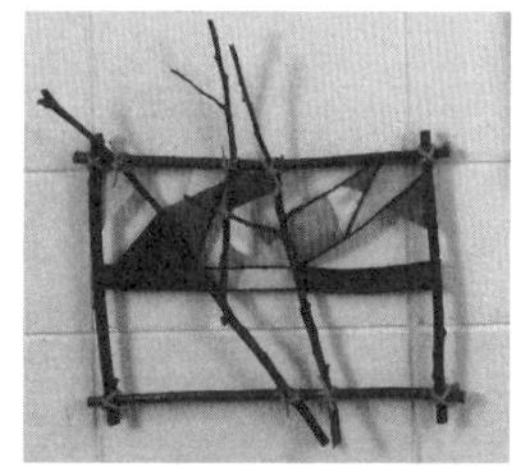

김영애 선생님께

선생님 그간 안녕하셨습니까?

지금은 봄의 기운을 느끼게 하는 계절입니다.

선생님의 수필집 『생명의 웨이브』를 잘 읽었습니다.

동경에서 태어나 그곳에서 초등학교를 졸업하시고 언어장벽으로 고생도 하셨다지요. 잘 극복하시고 수필가로 등단하여 좋은 글을 쓰고 계시는 선생님께 축하의 말씀을 드립니다.

늦었다고 말씀하시지만 선생님의 훌륭한 글 솜씨와 책 속에 배어있는 인품을 접하고는 오랫동안 책을 떠날 수 없었습니다.

같은 수필문학 추천작가로서 동질성을 느낍니다.

선생님의 앞날에 건강과 문운이 함께 하시기를 바랍니다.

안녕히 계십시오.

2000년 3월 5일

이 진 술 드림

김영배 교장선생님께

교장선생님 그동안 안녕하셨습니까?

2002년 새해 2월 중순입니다. 오늘 구정이라 대구시내의 거리도 한가한 모습입니다. 저도 고향 달성을 다녀왔습니다.

선생님의 수필집 『태초가 그리운 시절』을 받고 너무나 감동했습니다. 평소에도 선생님의 글을 항상 열심히 읽는 독자의 입장인지라 늘 선생님을 존경해 왔습니다.

제가 수필을 공부하던 시절 『사랑이 맞닿는 지평』이란 선생님의 수필집을 읽었는데, 그 후에는 어느 책에서든 선생님의 글을 보면 꼭 읽곤 했습니다. 교장 선생님의 경력이 말하듯 검정고시로 교사자격 취득, 교육계의 꽃인 교장 직위에 오르기까지 남보다 수십 배 많은 공부를 하고 노력했겠지요.

전국 수필세미나에서 먼빛으로나마 선생님을 뵈었습니다.

고향 논산을 위해서 일하시며 좋은 글을 쓰시는 교장선생님이 부럽습니다. 인생의 역경을 잘 극복하시고 문학과 인간적인 면에서 좋은 표양을 보여주신 선생님께 감사드립니다.

항상 건강하시옵고 가정의 평화를 기원합니다.

2002. 2. 12.

대구에서 **이 진 술** 드림

김영탁 선생님

김영탁 선생님, 반갑습니다.

김 선생을 뵈온 지 벌써 20여 년이 되는가 봅니다.

그간 별고 없으시고 가내 두루 안녕하시옵기 바랍니다.

고향 문경은 자주 오지 못하시지요?

「미당 선생과 문탁과 순덕이」 잘 읽었습니다. 우리나라 문단사를 읽은 기분입니다. 잊지 않고 편지를 보내주시어 깊은 감사를 드립니다. 늘 건강하시옵고 문운이 길이 빛을 발하시기를 기원합니다. 안녕히 계십시오.

2012. 10. 8.

대구에서 **이 진 술** 드림

인간관계와 이진술 선생님

이 선생님 잘 지내십니까. 글로 만나는 기쁨이 이렇듯 즐거운 줄 몰랐습니다.

월간문학 9월호에 실려 있는 글 「인간관계」 잘 읽었습니다. 「묻어버린 돼지」(1992. 11.)로 처음 만났으니 꼭 20년의 세월이 흘렀구려.

'문협 문단윤리위 위원장'이란 의무를 지키느라, 이런 저런 문학행사에 자주 나갑니다만 이 선생님의 얼굴을 뵐 길 없었습니다. 언젠간 만날 수가 있겠지요.

'수필문학추천작가회'에 대한 남다른 정을 가졌나 봅니다. 그때 익힌 회원의 이름을 지상에서 볼 때면 가슴이 찡해옵니다. 10월호에 제 글이 있습니다.

'수필문학추천작가회'의 큰 행사가 있을 때 한 번 참석해야겠다는 성의는 갖고 있으나 그게 그리 쉽게 이뤄지지 않습니다.

풍성한 한가위와 더불어 문운이 더욱 왕성하시기 빕니다.

2012. 10. 1.

김 영 탁 배

이진술 선생님께

수필집 『바람처럼 구름처럼』 상재를 축하합니다.

작품들 중에서도 특히 「모나리자의 미소」「내 고향 달성」「편지」「하회마을」 등을 읽고 펜을 들었습니다.

담백하고 틀림없는 글을 쓰십니다. 글은 쓴 사람을 말한다고 하는데 글을 보니, 선생님은 참 좋은 분인가 봅니다.

책을 보내주신 마음을 고맙게 생각합니다.

건필하소서.

1996. 정월

김 용 구

소산 김은집 선생님께

그간 안녕하셨습니까?

7월 20일 청송문화학교 방문 시 너무나 많은 것을 얻었고, 더불어 선생님이 펴내신 『님의 병실에서 부르는 노래』도 잘 읽었습니다. 여기에서 '님'은 조국 '대한민국'이며 통일을 갈망하며 부른 노래라고 하셨지요.

선생님은 시, 희곡, 소설, 수필 등 문학과 미술, 서예 부문에서 큰 족적을 남겼습니다. 단편소설 「장충동의 추억」은, 국악예술고등학교 설립에서부터 운영에 이르기까지 공무원 신분으로 활동하신 전 영역을 상상하면서 읽었습니다. 찬사를 보냅니다. 『학장은 아무나 하나』에 등장하는 김동석 인천기능대학장은 인생역정과 불굴의 정신으로 오늘의 성공을 이룬 이야기로, 성공작이었습니다. 남창공의 후예로서, 대 명문작가인 남창공의 업적을 찾아내신 작업을 하셨으니 그 역시 장한 일이십니다.

이러한 선생님을 '산문과 시학' 회원으로 모시게 되어 자랑스럽습니다. 더운 날씨에 건강 유의하십시오.

2016. 8. 2.

대구에서 **이 진 술** 드림

이진술 선생님

저만치 구름 한 줌 걸려있는 하늘에
따듯한 햇살이 부십니다.
오랜만에 찾아든 투명한 여유가
해바른 창가에 머물고 있습니다.

오소소 달려온 겨울바람 한 줄기
슬밋 그리움을 피워 올리고
눈이 시리게 푸른 평화가
한 낮의 고요 속을 찾아듭니다.

계절이 가고, 시간이 가고,
모든 기억들이 그날 속으로 잦아들고…
어느새 새로운 달력의 낯선 이방인이 되어
또 다른 순간들을 엮어갑니다.

언젠가 저무는 해자락에
부끄러움 없는 긴 그림자 만들 수 있다면
역사 속의 오늘은 정녕 값진 의미이겠지요.

새날에는 감사한 날들로!
새날에는 축복 가득한 날들로!
새날에는 건강과 사랑이 늘 함께하는 날들로!
그득그득 채워지길 빌겠습니다.

1996. 송년에
한국기업여성교육원 **김 정 순** 드림

이진술 선생님께

안녕하신지요?

수필문학지 11월호에서 「아카시아꽃이 필 때면」을 읽고 글월 드립니다.

이 선생님의 글을 참 오래간만에 보았기에 반가운 마음으로 필을 들었습니다.

좋은 글 자주 발표해주시기를 바랍니다.

최중수 님과는 종종 만나는지요?

이 선생님과의 첫 만남은, 오래 전 '군필산' 모임에서 라고 기억하고 있습니다. 모임이 있을 때 자주 만나도록 합시다.

끝으로 이 선생님의 안강과 가내대안을 기원하오며 난필로써 실례합니다.

2006. 12.

안산에서 **김 종 원** 드림

이진술 님께

안녕하십니까?

먼저 수필집 『흙 속의 솔바람 소리』 발간을 진심으로 축하드립니다.

보내주신 귀중한 책도 잘 받았습니다.

솔바람 소리는 저도 제일 좋아합니다. '솔바람소리'를 '한국의 소리'라고 표현한 말씀에 공감합니다.

소박한 내용을 많이 다루는 이 선생님의 글이 늘 마음에 와 닿는군요.

차근차근 읽어보도록 하겠습니다.

좋은 책 보내주셔서 대단히 감사합니다.

이 선생님의 건승과 가내 두루 균안을 축원하오며 두서없는 난필로써 실례합니다.

2012. 7.

안산에서 **김 종 원** 드림

이진술 님께

안녕하십니까.

병자년 새해를 맞이하면서 귀한 작품집 『바람처럼 구름처럼』의 간행을 축하합니다.

손수 수고롭게도 수송해주신 동호인으로서의 후의에 감사합니다.

주로 독특한 분야의 체험을 다룬 작품들이라 독자들에게는 신선한 소재라 생각됩니다.

새해에는 더욱 건필을 축원합니다.

고맙습니다.

1996. 1. 6.

김 진 태

이진술 과장님

추워지는 날씨에 그간 안녕하십니까.

이 과장님이 주신 수필집 『바람처럼 구름처럼』을 오늘 다 읽었습니다.

처음에는 특별한 흥미가 없었으나 읽어갈수록 솔직담백한 맛에 빠져 저도 모르게 책 속으로 빨려들어 갔습니다.

저는 달성 현풍 출생으로, 중학교까지는 옥포에서 성장, 故 김성곤 회장과 인연, 7세 때 모친과 사별, 큰 형님 슬하에서 어린 유년시절, 고교와 대학교 졸업 때까지 자수성가하다시피 했으니 더욱 이 과장님에게 친근감이 듭니다.

변치 않는 성실함으로 늦게나마 문단에 입문하신 이 과장님의 앞날에 큰 영광과 행운이 같이하시길 진심으로 기원해 봅니다.

1996. 11. 18.

대구시 특수사업기획단

김 헌 고 배

이진술 수필가님

신록의 맛도 보여주지 않은 채 녹음이 우리의 산하를 점령해 버린 지도 오래 되었습니다.

연이은 폭염이 우리를 괴롭히고 있습니다. 내리라는 비는 오지 않고 농부들의 가슴은 타들어갑니다. 엊그제 평년의 절반도 안 되는 비가 내렸지만 아직도 턱없이 부족한 실정입니다.

안녕하신지요?

훌륭한 일을 해내셨습니다.

수필집 『흙 속의 솔바람 소리』를 출간하셨네요.

축하합니다. 그간 수고 많이 하셨습니다.

저에게까지 귀한 책을 보내주셔서 감사합니다.

어제 저녁은 좋은 글들을 대하면서 아주 편안하게 잠을 이룰 수 있었습니다.

자연과 가족은 내가 살아가는 이유요, 옛 추억을 더듬을 수 있음은 나를 오늘 이 자리에 있게 해준 원동력입니다.

『흙 속의 솔바람 소리』는 『바람처럼 구름처럼』에 이은 두 번째 수필집입니다. 두 권의 수필집을 통해 "시간이 흐를수록 감사하다는 말 전할 시간이 줄어들고 있음을 안타깝게 생각하고, 자신을 기억하고 있는 모든 인연 있는 분들에게 감사의 마음을 전하겠다."고 하셨습니다.

이 수필가님의 수필에서는 겸손함이 철학으로 굳어 흐르고 있습니다. 말씀하신 대로 수필은 체험과 사실에 바탕을 둔 진솔한 자기고백의 문학이라고 하지요. 그렇기에 작품은 작가의 분신이며, 영혼의 한 조각이라 할 수 있지요. 쓰고 또 쓸 것이라는 말씀에 절대 공감합니다.

독자에게 읽혀지지 않는 작품이라면 그 작품은 생명이 없는 작품이요, 어떤 면에서는 문제가 있는 것이지요.

좋은 글을 쓰려면 연민의 눈빛으로 바깥을 보고, 세상과 사물을 바라보는 관점이 긍정적이라야 하며, 따뜻한 가슴으로 바른 삶을 살아야한다고 하셨습니다.

그렇습니다. 이 수필가님의 수필은 독특한 시각으로 삶을 단편들을 액자 속에 담아내는 기교가 능숙하고 언어의 행진이 현란합니다. 이 수필가님의 가슴속에는 아름답게 반짝이는 수필들이 헤아릴 수 없을 만큼 많이 살고 있음을 느낍니다.

또한 서정의 극치를 보여주고 계십니다. 우리의 마음속에서 서정을 제거하면 빈 우렁쉥이가 되겠지요.

무미건조한 삶을 싫다고 하십니다. 생에서 가장 아름다운 선물을 통해 나누는 감성의 언어들이 이 수필가님과 독자들의 마음을 포근하게 합니다.

생활 속에서 가져온 소재들이지만 한 편도 어둡고 칙칙한 냄새를 풍기지 않아 좋습니다.

한 작품 한 작품의 구성과 묘사가 빼어납니다. 따뜻한 관찰을 통한 시각의 육화가 독자들의 찬사를 받기에 충분합니다.

거듭 축하드리면서 한편한편 모두를 섭렵하여(그것도 여러 번 섭렵하여) 마음의 양식으로 삼겠다는 말씀을 올립니다.

보내주신 수필집, 제 책꽂이에서도 손이 가장 잘 닿는 가까운 곳에 꽂아 놓고 자주 열어보겠습니다.

이 수필가님, 늘 즐겁고 유쾌한 날만 지속되길 빕니다.

이 수필가님 존경합니다.

2012. 7. 5.

대전에서 **문 희 봉** 절

이진술 선생님께

선생님, 수필집 출간을 진심으로 축하드립니다.

수필집 『흙 속의 솔바람 소리』 잘 읽었습니다.

글이 편안하고 재미가 있어 감동적이었습니다.

따님들을 훌륭하게 잘 키우고 훌륭한 가정을 이루고 사시니 그 이상 큰 보람이 없지요.

저는 대구에 남동생이 살고 있지요.

선생님의 청도 소싸움 글을 읽었는데, 저의 고향이 청도이며, 부모님의 유택도 청도에 있답니다.

사모님과 함께 늘 건강하고 즐겁게 지내십시오.

감사합니다.

2012. 7.

박 도 영 드림

박도영 님께

박 선생님 그동안 안녕하셨습니까?

서울에서 동인지 출판기념식 때 수필문학 추천작가회 서기로서 책임을 다하기 위해 무거운 가방을 가지고 다니시며(특히 지방회원을 위해), 동인들을 위해 노력하셨던 박도형 선생님께 진심으로 감사의 말씀을 드립니다. 창덕궁 후정, 비원을 산보한 그 기분은 오래 간직할 것입니다.

항상 수필문학추천작가회의 발전과 위상정립, 친목을 도모하기 위해 열심히 노력하시는 박 선생님께 멀리서나마 찬사를 보냅니다. 선생님, 정말 노고가 많으십니다.

박도형 선생님, 대구 팔공산의 갓바위 부처님을 기억하십니까? 지금은 팔공산이 곱게 단풍으로 물들고 있습니다.

선생님도 청도가 고향이시니 잘 아시겠지만, 대구 사람은 무뚝뚝하지만 의리가 있지 않습니까. 고향에 오시는 일이 있으면 연락바랍니다.

변절기에 건강 유의하시고. 가정의 평화를 기원합니다.

안녕히 계십시오.

1998. 10. 29.

이 진 술 드림

박방희(안셀모) 형제님께

박 선생님 그간 안녕하셨습니까?

어려운 여건 속에서도 재소자 문학지도에 노고가 많습니다.

가톨릭 문학회에 참석 횟수가 적으니 뵈온 지도 오래되었습니다.

한나라당 대구시지부 대변인으로서 가끔 지면을 통해 말씀하시는 것을 봅니다. 열심히 노력하시는 박 형제님께 꿈의 실현을 기원합니다.

항상 건강하시옵고 가정의 평화를 기원합니다.

안녕히 계십시오.

1999. 11. 1.

이 진 술(도밍고) 드림

p.s 어느 재소자가 쓴 「피정의 길에서」 독후감 잘 받았습니다.

이진술(도밍고) 형제님

안녕하십니까, 박방희입니다.

제가 지도한 대구교도소 재소자 문예반원 중 한 사람이 써낸, 선생님 작품의 독후감을 우송합니다.

문우회 99년도 작품집에서도 선생님의 작품을 그들이 읽을 수 있게 되길 기대합니다.

1999. 10. 19.

박 방 희(안셀모) 절

'피정의 길에서'를 읽고
– '대구가톨릭문학' 98년도 연간지에서

이미 하느님 나라에 초대받은 예비자로서 더욱 바른 생각을 원하고, 더 보람 있게 살고자 하는 마음에서 하느님을 흠숭하기로 하였다.

예수 그리스도께서는 "나는 길이요 진리요 생명이다" 하고 말씀하시고, "고생하며 무거운 짐을 지고 허덕이는 모든 사람은 다 나에게로 오너라"는 요한복음에 있다.

주님의 은총을 듬뿍 받고 이 영광된 자리에 참석한 피정의 자매들과 형제들은 "성령의 은총으로 새로 나게 하소서" 성령께서 맺어주시는 열매는 사랑입니다, 하는 말씀은 신앙의 열기를 더욱 빛나게 하였고 신앙체험을 다시 한 번 알게 되었다.

'피정'이라는 말은 '고요한 곳으로 피해 간다'는 뜻이 있다는 것을 알게 되었고, 복잡한 일상에서 떠나 하느님의 깊은 일치와 만남을 이루기 위해 한적한 곳에서 자기성찰과 관조의 세계에서 기도하며 영성 수련을 쌓는 것을 말하는 것과 같다.

엄숙한 피정은 우리의 예수 그리스도를 믿어 그 분에게 참 삶의 길을 배우고 하느님의 가르침대로 세상을 보고, 듣고, 판단하며 나 자신과 모든 사람들을 대하게 될 것 같다. 그리고 하느님을 사람 할 수 있다.

모든 사람은 누구나 똑같이 행복 누릴 권리를 갖고 태어났으나, 현실에서는 엄청난 차이를 빚고 있다.

사람의 불행은, 자신을 깨닫느냐 못 깨닫느냐에 따라 판가름 나는 것으로 본다.

이번 피정을 통하여 얻은 이런 깨달음으로, 악에서 헤어나고 싶다. 지금까지 막연하게 믿어 온 신앙심을 바로잡고 성실한 신앙생활을 해보겠다고 다짐해본다.

하느님께서는 앞으로 내가 가야할 길이 어떤 길인지, 삶에 있어서 무엇이 더 중요한지를 일깨워 주셨다.

지금 내가 진 십자가와 하느님 아버지께서 우리 형제들을 위해 짊어지셨던 십자가를 함께 생각해본다. 이런 것도 하느님 말씀을 따라가는 길이라 생각하면서 열심히 기도하겠다.

IMF시대, 경제가 곤란하고 어렵고 어두운 생활이지만 더 어렵고 불우한 이웃을 따뜻한 마음으로 보살펴 주는 것이 큰 사랑임을 깨달았다.

피정의 길에서 '피정'을 읽고, 신자들의 참 모습을 볼 수가 있어 너무나 다행이다.

예비자로서 다시 한 번 믿음이 생깁니다. 감사합니다.

1999. 10. 1.
이진술 선생님의 글을 읽은
어느 재소자 올림

이진술 선생님

선생님, 안녕하십니까.

저의 졸저에 성원을 보내 주시니 고맙습니다.

많이 부족하지만 더욱 좋은 글 많이 쓰고 좋은 책 많이 출판하도록 노력하겠습니다.

선생님도 빛나는 작품 많이 쓰시길 빌겠습니다.

내내 건강하시고 건필하십시오.

2017. 9. 17.

박 방 희 절

이진술 선생님께

노랗게 물든 은행잎이 곱다 싶더니 어느 새 나뒹굴기 시작하는군요.

먼저 보잘 것 없는 저의 수필집을 그토록 열심히 읽어주신데 대하여 깊이 감사드립니다. 한낱 치졸한 모습들을 보여드린 것 같아 부끄럽기만 합니다.

저는 선생님을 잘 알고 있습니다. 선생님의 글을 자주 대했고, 또 서신도 한 번 주고받은 일이 있습니다. 선생님이 현직에서 도서기증운동을 벌일 때인데, 그 다음엔 전화도 주신 것으로 기억됩니다.

지금은 퇴직하시고 다른 분야에서 현장감을 익히고 계시다니 그 정열이 부럽습니다. 할 일 없이 세월만 보내는 것보다 얼마나 다행한 일인가요.

제가 모시던 한 도서관장님은 2000년 6월 말에 퇴직하시고 『행복한 자유인』이라는 수필집을 내셨는데 요즘은 시간이 많이 남는 것 같아 보입니다.

청주에 대해서 잘 알고 계시네요. 오시면 꼭 뵈올 수 있는 기회를 주시기 바랍니다. 대구에 갈 기회는 그리 없지만 혹 지나는 길이 있으면 선생님을 뵙고 싶습니다.

아침에 일어나 밖에 나가니 비가 내리고 있습니다. 가을을 막바지로 몰고 갈 욕심인가 봅니다.

기온차가 극심한 때에 건강에 유의하시고, 항상 좋은 글 많이 대할 수 있는 기회 주시길 빌며 이만 두서없이 줄입니다.

2000. 11. 1. 아침에

박 순 철 올림

※ 악필이어서 기기의 힘을 빌었습니다. 용서하여 주시기 바랍니다. 휴대전화 알려드립니다. 언제든지 연락 주십시오.

서경희 선생님께

더위가 점점 다가옵니다.

서경희 선생님 그동안 안녕하셨습니까?

선생님의 세 번째 수필집 『코리안 디자인』 잘 읽었습니다. 세상 어디에 내놓아도 훌륭한 작품이라 평가 받을 것입니다. 어릴 때부터 타고난 소질이 있으신 데다 국문학을 전공하셔서 그런지 작품에서 원숙한 향기가 납니다. 때로는 질서정연한 논리로, 때로는 부드럽고 거부감 없이 흐르는 물처럼 편안하게 독자들의 마음을 이끌어줍니다.

젊은 시절에는 고전무용, 에어로빅으로 신체를 단련하셨고 지금은 요가로 몸의 균형과 건강을 유지해나가신다니 아주 잘하시는 일입니다.

라인강도, 미라보 다리 아래로 흐르는 세느강도, 아름다운 우리 한강의 적수가 아니란 선생님의 말에 공감합니다.

서 선생님께서 애송하시는 '이화에 월백하고 은한이 삼경인제 일지춘심은 자규야 알랴마는…… '은 저도 멋모르고 좋아했고 외우곤 했습니다. 이 시조를 쓰신 분(이조년)이 저의 19대조라는 것을 나중에 알았습니다.

30여 년 전쯤이라고 기억됩니다. 수필문학 세미나에 참석하기 위해 버스를 타고 가는 동안 즐거운 시간을 보낼 때였지요. 다른 분은 대게 노래를 부르는데 선생님은 황진이의 '동짓달 기나긴 밤을 한 허리를 베어 내여 춘풍 이불 아래 서리서리 넣었다가 어론 님 오시는 밤이여든 굽이굽이 펴리라'를 낭송하셨습니다. 그 모습을 보고 손뼉을 치며 즐거운 한때를 보낸 적이 있습니다. 그때는 국문학을 전공했으니 시조도 많이 안다고만 생각했습니다.

그런데 "퇴고라는 과정을 통하여 글을 다듬을 때마다 새로 인생을 배운다."는 말에서, 선생님의 치열한 작가 정신을 엿볼 수 있습니다.

먼 이국땅에서 살지만 사람들이 '한국의 아줌마'라는 것을 바로 알아내는 것은, 처음 본 사람이지만 어디선가 본 듯한 얼굴이라 여겨지는 친근한 얼굴, 항상 부드럽고 평화스러운 얼굴, 가까이 다가가고 싶고 친하고 싶은 그런 얼굴과 정서를 가졌기 때문이 아닌가 생각합니다.

인생에서 가장 행복한 나이가 57세라는 것을 처음 알았습니다. 건강하고 즐겁게 살 나이입니다.

치매를 앓고 있는 어른을 모시면서도 어머님의 행동이 귀찮지 않고 예쁘게 보인다는 내용의 작품을 읽고 감명을 받은 바 있습니다.

선생님 글에 자주 나오는 '야시벼' '속닥하다' '해주이소' 등은 참 재미있는 경상도 말이지요. 저도 경상도 사람이라, 야구공도 제대로 못 만지면서도 삼성 야구를 보면 경기가 끝날 때까지 응원의 박수를 치는 사람입니다. 경상도 촌놈이라고 하지만 저는 이 촌스러움을 무조건 좋게 생각합니다. 의리 있고, 믿음이 가는 사람입니다.

초등학생의 일기장 조사가 아동의 사생활과 양심의 자유 침해라니 이해가 안 되는 소리다, 하셨지요. 공감합니다.

라일락 향기 흩날리던 4월, 내 문학의 시작이다. 영원히 아름다운 4월을 기억하는 우리의 이야기는 끝났지만, 내 마음 속에서는 끝나지 않았다. 그것이 나의 문학이 되고 있다. 나는 4월이 오면, 너 라일락꽃잎 흩날리기 시작하면, 아직도 끝나지 않는 이야기 때문에 가끔 몸살을 한다. 돌아보면 어언 40년이 안타깝다. 이것만도 불혹의 세월인데, 해마다 4월은 진하게 돌아와 나를 부른다. 나의 4월아, 사랑한다, 오래 머물러다오.

어느 문학가의 글보다 명문입니다.

정말 진솔하고 애틋한 서 선생님 글 잘 읽었습니다.

감사를 드립니다.

2013. 6. 2.

이 진 술 드림

서경희 선생님

반갑습니다.

찜통더위가 기승을 부리는 이때, 서 선생님 건강하시옵고 가내 두루 안녕하시기를 기원합니다.

저의 졸저 『흙 속의 솔바람 소리』 출간을 축하해주신 서 선생님께 진심으로 감사의 말씀을 전합니다.

등단한 지 많은 세월이 흘러갔지만, 나의 글은 알맹이 없는 글입니다.

근래 한 10년간 수필문학이 주최하는 세미나에 참석하지 않으니 서울소식은 잘 모릅니다. 하지만 그때 열심히 만났던 분들 생각이 나곤 합니다. 경북대학교 출신으로 수필문학 추천 받은 분은 이동민 님과 서 선생님과 저까지 세 사람뿐이었습니다. 동문의식도 많이 가지고 각별하게 생각했습니다.

수필문학 추천을 받기 위해 서울까지 오가며 강의를 받고 열심히 노력하여 추천 완료되었기에 강석호 선생님께 고마운 마음 갖고 있습니다.

이제는 대구에도 문학조직이 많아 회원으로 활동하고 있습니다.

서 선생님, 대구 사람들의 의리와 뚝심도 언제나 그대로입니다.

내년쯤엔 서 선생님의 수필집도 기대해 봅니다.
항상 건강하시고, 건필 기원합니다. 감사합니다.
안녕히 계십시오.

2012. 7.

대구에서 **이 진 술** 드림

서경희 선생님께

서 선생님 그동안 안녕하셨습니까?

희망찬 새해가 되시기를 바랍니다.

수필집 『장미와 안개꽃』 잘 읽었습니다.

평소 저의 느낌 그대로, 훌륭한 글과 성실한 삶을 살아온 선생님의 수필집을 읽고 즐거웠습니다.

국문학을 전공한 선생님은 치밀한 구성과 적절한 표현력으로 독자들이 끌리게 만듭니다. 역시 국문학 전공자답습니다.

저와는 대구의 동향, 경북대 동문이라 더욱 반갑습니다.

초임지가 경북 문경의 산북중학교라 하셨지요. 저의 동창이 산북에서 가축병원을 개업하고 있습니다. 그래서 저도 산북에 가서 하룻밤을 자고 온 일이 있어 새삼 눈길이 갔습니다.

수필집을 보니 '틀림없는 사람'으로 정평이 나 있을 것이라 여겨집니다.

새해에 건강과 가정의 행복을 기원합니다.

2000년 1월 9일

이 진 술 드림

이진술 선생님께

『흙 속의 솔바람 소리』

이진술 선생님 정말 반갑습니다.

책을 받고 휴가를 다녀오느라 이제야 필을 듭니다.

오늘 거의 다 읽었습니다.

제목의 느낌이 그대로 살아있는, 진솔하고 소박한 인생의 이야기가 책의 당위성을 웅변해줍니다.

소에 얽힌 이야기를 담은 「수의사의 길」은 너무 뭉클했습니다. 선생님께선 최상의 전문직 길을 걸었다고 자부해도 좋을 듯합니다.

타고난 글쟁이답게 로맨틱한 심성까지… 편지글 속의 젊은 날이 푸르고 아름답습니다.

무엇보다도 네 딸을 그리도 잘 키워놓으셨으니 인생 최고의 보람이겠습니다.

저도 요즘 첫 외손녀에 홀딱 반해 늙어가는 중입니다.

제옥례 선생님은 경북여고 선배인데, 그리 훌륭한 분인 줄 다시 알았습니다.

아직 생존해 계신지요?

저도 한참 책을 내지 않아 작품이 쌓여있습니다. 내년이 저의 갑년이라 겸사겸사 기념으로 출간하려 합니다.

요즘은 수필문학행사가 예전처럼 즐겁지가 않고, 모르는 사람이 더 많아 좀 시들합니다. 세미나 때마다 반가운 얼굴들을 만나는 즐거움도 인생백락의 하나였지요.

내내 건강하시고, 밝은 노후가 되시길 바랍니다.

안녕히 계십시오.

2012. 7. 22.

서 경 희 드림

이진술 님

날씨가 무척 무덥습니다.

그래도 전 무더위를 잊고 출퇴근 전철 안에서도 보내주신 수필집 『바람처럼 구름처럼』을 소중하게 탐독하였습니다.

맹명희 씨가 주축이 되어 갔던 동학사, 저는 여분으로 따라갔기에 선생님과는 슬쩍 스친 인연인지라 큰 배려를 기대하지 않았습니다. 그런데 이렇게 속히 작품집을 보내 주시니 그 정성에 감읍하여 뭉클한 가슴으로 더 열심히 작품집을 읽었습니다.

다 읽고 난 지금, '진술'이란 이름을 '진솔'이라 붙여 봅니다. 하나도 때가 묻지 않은 어린아이처럼 천진난만한 사람, 때가 무엇인지도 모르는 사람, 제목 그대로 바람처럼 느껴지고 구름처럼 보이나 잡히지 않고 막힘이 없이 스치며 흐르는 사람, 어린 시절 수수밭에서 메뚜기와 잠자리를 친구로 삼고 새를 쫓느라 깡통을 두드리던 소꿉친구와 같이 거리감이 느껴지지 않는 사람이라 여겨지기 때문입니다.

『바람처럼 구름처럼』에 흠뻑 빠져 기분은 45년 전 단발머리 소녀로 돌아가서, 지금은 도시 개발로 없어진 고향집 뒷동산에 선 듯 무척 행복했습니다. 동심이 된 이 순수한 마음은 오래도록 지워지지 않을 것 같습니다.

왜 사람들이 '진술' 님의 손을 잡고 놓을 줄 몰랐는지 이유를 알 것 같습니다.

더위 속에서도 하늘이 높고 푸릅니다. 한줄기 소낙비가 지나고 나면 '진술' 님을 닮은 바람과 구름이 또다시 산뜻하고 부드럽게 맑은 하늘을 헤집으며 흘러갈 것입니다. 그 구름과 바람이 되어 내년 수필 세미나장에서 티 없는 해후 하게 되길 바랍니다.

내내 순조롭고 여유로운 흐름을 진행하소서.

1997. 7. 22.

신 건 자 배상

이진술 님께

지금 막 경기도 군포시 오금초등학교 교장 발령장을 받아 들고 들어오니 반가운 우리 벗님의 편지가 와있어 나를 더욱 신나게 합니다.

급히 새 부임지로 떠나야하므로 우선 반가운 마음만 전하옵니다.

이 좋은 가을에 순수한 글 많이 쓰시고 안녕히 계십시오.

1997. 10. 29.

신 건 자 올림

이진술 선생님께

이 선생님 수필집 『바람처럼 구름처럼』 반갑게 받았습니다.

어려서부터의 소박한 꿈과 고향사랑, 종교인으로서의 선행이 곱게 담겨있어서 좋습니다.

이 선생님만이 할 수 있는 참신한 세계를 개발하여 문운이 왕성하시기를 바랍니다.

1996. 1. 27.

유 혜 자 올림

이 선생님 탑하

지난번 주신 수필집은 아직 완독을 못했습니다만 우선 읽은 몇 편으로 아주 깊은 감명을 받았습니다. 그리고 선생님에 대하여 자세히 알게 되었고요.

못난 저에게 늘 칭찬하여 주시고 아껴주시는 것에 대하여 참으로 감사합니다.

선생이 되기에 부족한 사람이 강의를 맡아 외람되이 늘 떠들고 있습니다.

선생님의 진솔한 사랑과 인생을 그대로 쓰신 문장을 읽고 느낀 바가 많았습니다.

계속하여 아껴주신다면 가일층 분발하겠습니다.

신년을 맞아 건강하시옵고, 매사 순풍에 돛단 듯 만사형통하시길 빕니다.

두서없는 난필을 용서바랍니다.

1997. 1. 2.

한국국한진흥원 부설 한문교육원

교수 **이 갑 규** 배상

이진술 과장님께

근계 이 과장님의 『바람처럼 구름처럼』이라는 수필집 출간을 진심으로 축하드립니다.

42년간의 교수생활을 끝으로 정년퇴임하여 수성구로 이주한 경로당 총무 일을 보고 있는 사람입니다.

어제 영남일보 문화면에서 선생님의 출간소식을 들었을 뿐입니다.

저는 지난 1월 11일 90노모를 잃고 애통 중에 있습니다.

선생님의 책을 한 권 하송하여 주시면 대금을 꼭 보내겠습니다. 어머님 앞에서는 90노구도 동안이 되고 마는 인생이 아니겠습니까?

공직생활에 바쁘실 텐데 노고를 끼치려니 송구합니다.

더욱 건승하시고 많은 집필바랍니다.

여 불비례상

1996. 1. 19.

사단법인 대한노인회대구수성구지회 두산동 경로당

총무 **이 만 용** 배상

이진술 선생님께

보내주신 『흙 속의 솔바람 소리』 잘 받았습니다.

고맙습니다.

그리고 축하합니다.

내용에 감동을 느껴서 「고향」 「내가 만난 제옥례 선생님」 「존경하는 사람」 「존경받는 사람」 「수의사의 변」 「편지글」 등 몇 편을 단숨에 읽어 보았습니다.

한마디로 선생님은 인생을 정말로 성실하고 진실하게 사셨다고 생각됩니다.

행복하십니다.

여생을 더욱 건강하고 보람 있게 보내시기 축원합니다.

부산에 오실 일 있으면 연락 주십시오. 식사나 함께 했으면 합니다.

아내에 대한 지극한 사랑을 갖고 계시는 것에도 더욱 존경심을 느낍니다.

내내 건승하십시오.

2012. 7.

부산에서 **이 병 수** 드림

이병수 회장님께

이 회장님, 그동안 안녕하셨습니까?

『수필문학 21』 창간을 진심으로 축하를 드립니다. 순수한 월간 수필문학 천료 작가들로 구성되어 '수필문학 부산작가회'로 힘찬 첫발을 내딛는 회원님 모두에게 큰 영광 있기를 원합니다.

지면을 펼치니 모두가 들어본 성함이고, 모두 쟁쟁한 멤버입니다.

부산의 작가회는 전국에 흩어져있는 수필문학 추천작가들에게 귀감이 되며, 기타 지역의 회원들도 이렇게 단결하고 동인을 결성해서 우의를 돈독히 하고 좋은 글을 쓰시라는 권고의 소리로 들립니다.

『수필문학 21』이 출간되기까지 회장님의 노고와 회원 여러분의 뜨거운 열정에 다시 한 번 찬사를 보냅니다.

추운 날씨에 건강하시옵고 가정에 기쁨과 행복이 가득하시기를 바랍니다.

회장님, 안녕히 계십시오.

2000년 2월 6일

이 진 술 드림

이병수 회장님께

무더운 날씨에 그동안 안녕하셨습니까?

이 회장님의 아홉 번째 수필집 『짧은 인생, 긴 학덕』 잘 읽었습니다.

한일 대역본을 발간하신 이 회장님 큰일 하셨습니다. 한일간 문화교류사업, 유네스코 학술담당사업 등 많은 일을 하셨지만 그 중에서도 특히 일본 현지에 퇴계 선생 현창비가 건립되었다는 사실은 감동적입니다.

일본 와카야마현에서 합천이씨 원대조 이진영, 매계 등 부자 2대가 지역문화발전에 공헌하시어 현지인들로부터 존경의 대상이 되어 그곳에 현창비가 설립되었다는 사실 또한 감동적입니다. 이 회장님께서는 이와 관련한 단체의 대표, 단장으로서 훌륭한 사업을 직접 추진했습니다. 국가적으로나 합천이씨의 발전을 위해서 큰 족적을 남겼습니다.

훌륭하신 수필집을 발간하신 회장님께 경의를 표합니다.

항상 건강하시옵고 가정의 평화를 기원합니다.

안녕히 계십시오.

2011. 8. 15

대구에서 **이 진 술** 드림

이진술 님 전

이런 편지를 써보는 것이 너무도 아득한 머~언 옛일로 생각이 되는지라 마음이 설렙니다. 또한 대작가님 전이라 두려운 마음도 생깁니다.

전화가 없을 때 편지만으로 안부를 전할 수 있던 그 시절이 생각나 약간 향수에 젖기도 합니다.

보내주신 『산문과 시학』 너무 고맙습니다. 작가님께서 저에게 보내주시는 변함없는 베풂, 그 마음에 부끄러움과 고마움이 함께 합니다.

시를 읽을 땐 인생을 아름답고 예쁘게만 생각했던 처녀시절을 떠올렸고, 수필을 읽을 땐 살아오는 동안 마주쳤던 힘들고 즐겁고 보람 있는 여러 가지 일들을 떠올렸어요. 더러는 이제 볼 수 없는 얼굴들도…….

「내 사랑 울릉도」에선, 여자는 약해도 어머니는 강하다는 모정의 힘을 다시 한 번 보았고, 약소를 키워낸 이 선생님의 아름다운 추억들이 깃든 울릉도 생활들이 눈에 선했답니다.

「장가계 관광」은 제가 가서 보지 못하고 느끼지 못했던 면면까지도 보고 느낄 수 있게 해주었기에, 아름다운 장가계 모습들을 떠올리며 다시 한 번 관광했답니다.

지난여름, 너무나 건강했고 자신 있게 살아가던 남편에게 무서운 진단이 내려져 아연했습니다. 그나마 악성종양이 아님에 감사하면서 여태껏 한 번도 해보지 않았던 입원이란 걸 했죠. 그리 오랜 기간은 아니었지만 인생에 있어 피할 수 없는 어려운 과정 하나를 겪는 것 같았어요. 15시간 수술 후 겨우 회복이 되는가 싶었는데, 4일째 되던 날 새벽에 갑자기 의식불명이 되어 급하게 다시 수술을 하게 되었지요. 누구에게 전화 한 통 할 시간도 없이 2번째 수술실로 실려 가는 침대를 뒤따라가던 마음… 어떻게 글로 표현이 될까요. 살아서 저 문을 나올 것 같지 않은 무서운 생각에 몸과 마음이 후들거렸습니다. 그리고 5일 후 똑같은 이유로 3번째 수술을 ……. 삶과 죽음이란 단어가 정말 실감 나더군요.

전화 한 통화가 그렇게 큰 위안이 될 줄 미처 몰랐어요. 여러 사람으로부터 많은 빚을 졌습니다. 위로와 격려의 전화, 금전적 보탬들……. 잊을 수도, 잊어서도 안되며, 이자까지 갚아야겠다고 다짐했답니다. 그런데 시간이 흐를수록 헤이해지는 마음에 두려움이 앞섭니다. 걱정해주시고 위로해주신 이 선생님께도 다시 한 번 감사드립니다.

새해에는 이 선생님의 더, 더욱 빛나는 작품 활동과 건강을 빌어 봅니다. 빠른 시간 내에 한 번 뵙길 소망하면서.

2013. 9

예 병 선 올림

이진술 선생님

선생님의 수필집 『흙 속의 솔바람 소리』 상재를 축하드립니다.

옥저를 받은 지 몇 주가 되는데 인사가 많이 늦었습니다.

90년대 등단했을 무렵 수차 상면을 하고는 오랫동안 많이 적조했습니다.

선생님의 첫 수필집 『바람처럼 구름처럼』 과 수필문학사 수필선집 79호를 1995년에 받아본 뒤로 옥저를 받기는 처음인 듯하네요…….

참으로 오랜만입니다.

먼 곳까지 옥저를 챙겨 보내 주셔서 감사합니다.

표지 사진을 보아도 예전 모습 그대로네요. 하나도 늙지 않았습니다. 흙 속에서 솔바람 소리를 들으면서 사신 덕분일까요? 어쩌면 네 딸의 효성과 사위들의 정성 덕일까요? 「네 딸들의 힘」을 몇 번 되풀이해서 읽었습니다.

나는 스스로가 보기에도 민망할 정도로 초라합니다.

삼남매 중 아들은 근처에 살고 있으나 딸은 캘리포니아로 이민을 갔기에 많이 보고 싶습니다.

요즈음에는 하루하루 건강 챙기기에 온 힘을 쏟고요.

문우로부터 책을 받는 경우에는 고맙다는 인사도 못하고

있습니다. 많이 게을러졌다는 게지요.

이진술 선생님!

아무쪼록 늙지 마시고 그대로 사시면서 좋은 글 자주 쓰시고 글재주 휘날리시길 바랍니다.

2012. 7. 18.

임 억 규 드림

임억규 선생님께

수필문학 추천작가회 전국대회를 대구 팔공산에서 개최하면서 전국의 회원들이 함께 모여 즐겁게 보낸 기억이 새롭습니다.

선생님의 작품 「소학생의 변」을 잘 읽었습니다. 늦게 박사학위를 받아 요긴하게 쓰일 기간이 남보다 비록 짧다고는 하나 학위를 받기 위한 노력의 과정이 높게 평가되리라 생각합니다.

시를 쓰고, 수필을 쓰시며 노익장을 과시한 선생님의 굳은 의지와 정열이 대단합니다.

학위 취득, 수필집 발간을 축하드립니다.

항상 건강하시옵기 기원합니다.

안녕히 계십시오.

1998. 12. 6.

이 진 술 드림

장복순 선생님께

은행나무가 노랗게 물들어가는 가을입니다.

장 선생님께서 허리가 아파 성천아카데미 모임에 불참하신다는 소식을 들으니 우리의 월례회가 김이 빠지는 느낌부터 옵니다.

평소 명랑하고 건강하게 보였던 장 선생님께서 아프시다니 충격적으로 들립니다.

모친님께서도 병환 중이신데 여러 가지 걱정이 많겠습니다. 마음 단단히 잡수시고 재기하시기 바랍니다.

한 가정의 주부가 편찮으시면, 그 집안은 모든 일이 정상적으로 돌아가지 않습니다.

하루 빨리 건강 회복하시어 밝은 모습, 맑은 모습 뵈옵기를 진심으로 기원합니다.

안녕히 계십시오.

2013. 11. 10

이 진 술 드림

이진술 님께

솔바람 감사합니다.

뜻밖의 선물 감사합니다.

참 오랜만에 한자리에 앉아 책 한 권을 다 읽었습니다.

누가 옆에서 자근자근 옛날이야기를 해주는 것 같았고 내 어린 날의 이야기 같아 반가웠습니다. 옆에서 뵙던 분이 이 글을 쓰셨기에 더 친근했고요.

항상 건강하시고 발전 있으시기를…….

흙속의 솔바람소리 참 따스합니다.

2012. 7. 22

장 복 순 드림

이진술 님께

보내주신 귀한 책 『바람처럼, 구름처럼』 잘 봤습니다.

먼저 출간을 축하드립니다.

큰일 하셨습니다. 이번이 처음 출간이라 감회가 깊으리라 믿습니다. 책을 펴내보지 못한 사람들은 이해하지 못할 것입니다.

책을 받고도 이렇게 인사가 늦었음은 얼마쯤이라도 읽고 난 뒤에 얘기 나누기 위해서였습니다. 지금도 열심히 읽고 있습니다.

새해에는 더욱 건강하시고 문운이 날로 더하시길 기원합니다.

1996. 1. 30

장 인 문 올림

이진술 선생님께

안녕하십니까?

보내주신 수필집 『바람처럼 구름처럼』 감사히 받았습니다.

저의 책을 받으시고, 따뜻한 격려의 편지 보내주심을 잊지 않고 있었습니다.

제 시댁인 '월촌마을'을 그린 「묻어버린 돼지」를 읽어보니 얼마나 반가웠는지요. 월촌에서의 추억이 골골이 스며있어 읽는 동안 많은 감동을 받았습니다.

앞으로 더욱 좋은 글 많이 만나 뵙게 되길 기원합니다.

안녕히 계십시오.

1996. 2. 5.

서울에서 **정 선 모** 드림

정선모 선생님께

정 선생님 그간 안녕하셨습니까?

정 선생님의 두 번째 수필집 『지휘자의 왼손』 잘 읽었습니다.

결혼 20주년 기념으로 훌륭한 수필집을 출간하였으니 더욱더 의의가 있는 책입니다.

선생님께서는 빈틈없는 논리로 표현력이 뛰어나고 또한 일상생활도 훌륭하게 꾸려나가시는군요.

늘 문운이 함께하시기를 빌며 가정의 평화와 건강을 기원합니다.

감사합니다. 안녕히 계십시오.

1999. 2. 22.

대구에서 **이 진 술** 드림

정숙자 선생님께

정 선생님의 수필집 『여름 낙엽』을 잘 읽었습니다.

고향 창녕 남지의 냄새가 나는 글이라 따뜻하고 포근한 느낌을 받았습니다. 글에서 느껴지는 가정의 분위기가 참 따뜻했습니다. 그리고 고향 남지에서 다닌 초등학교 동창의 이름이 등장하는 걸 보니 정 선생님은 서울에 계셔도 고향에 대한 꿈을 곱게 간직하고 계시는군요. 특히 「여름낙엽」 「별똥별을 찾는 아이」 「거짓말」 「삶의 여백」 등 잘 읽었습니다.

경상도 사람들을 두고 더러는 처세요령이 부족하다고 하지만, 순수한 인간미를 바탕으로 한 꾸밈없는 삶이 우리의 마음을 따뜻하게 데워 주리라고 믿습니다.

요사이 허리는 건강하신지요? 허리 아프면 곧 다리 무릎의 아픔이 느껴집니다. 그럴 땐 낮은 산 오르기, 걷기가 최고입니다. 저도 출근 시 1시간정도 산을 걷고, 시간이 나면 구민운동장을 걷습니다.

더운 날씨에 각별히 건강에 유의하십시오. 건투를 빕니다.

1998. 8. 3.

대구에서 **이 진 술** 드림

十 찬미예수

정연순 선생님께

정연순 선생님 그동안 안녕하셨습니까?

서울에서 열린 동인지 출판기념 모임 때, '작가와의 대화'에서 선생님의 차분하고도 설득력 있는 강의는 참으로 듣기 좋고, 보기도 좋았습니다. 정 선생님과는 같은 가톨릭신자로서, 동인으로서, 처음 수필문학사에서 수필강좌를 들은 인연으로 늘 가깝게 느껴왔습니다.

부군께서 IMF여파로 사업상 어려움이 따르고 있다 하니 마음이 아픕니다. 성당을 위해서 부부가 함께 헌신하는 경우는 그리 흔치 않습니다. 자신을 챙기기 바쁜 세상에 성당을 위해서 봉사하는 것은 주님의 축복이라 느껴집니다. 열심히 살아가시는 정 선생님의 앞길에 반드시 주님의 가호가 있으리라 믿습니다.

정 선생님, 뜻이 있는 곳에 길이 있다고 했습니다. 부부가 함께 하느님을 향해 가는 길은 늘 빛을 발하게 될 것입니다.

항상 건강하시옵고 가정의 평화와 영광이 있으시기를 기원합니다. 안녕히 계십시오.

1998. 10. 29.

대구에서 **이 진 술** 드림

정연순 선생님께

선생님 그간 안녕하셨습니까?

『한양수필』 제8집을 통해서 선생님의 그간 생활사를 보는 것 같아 기쁩니다. 「벚꽃이라 부르고 싶다」「우린 얼마나 사랑하는 걸까」 등의 글을 읽고 많은 생각을 해봅니다. 그리고 「정」「이별」「후회」 등도 우리가 한 번 더 자신을 돌아볼 만한 글이라 생각합니다.

부군께서 응급실에 입원했던 그 순간 정 선생님의 고통은 어떠했겠습니까? 지금은 건강 완전 회복되셨는지요? 늘 주님의 곁에서 기도하고 계시니 크나큰 불행은 없을 것이라 생각합니다.

정 선생님, 우리가 고통을 당하고 있을 때 하느님을 부를 수 있고 기도할 수 있는 신자인 것은 큰 위안입니다.

선생님! 희망찬 새천년에도 평화와 영광이 있으시기를 기원합니다. 안녕히 계십시오.

1999. 12. 22.

이 진 술 드림

정연순 선생님께

정 선생님, 새해가 밝았습니다.

『한양수필』 제9집을 보니 참 좋은 수필이구나 하는 생각이 듭니다. 낯익은 수필문학 출신이 있어 더 정겹고요.

정 선생님, IMF한파로 인해 닥쳤던 선생님 가정의 어려움은 가셨는지요? 지난해 평화방송에서 밤 10시에 방영한 한 프로그램에서 선생님 내외분을 보았습니다. ME 서울시 대표로 부군이신 최영철님과 함께 가톨릭인으로서 열심히 살아가는 모습이 진솔하게 방영되어 잘 보았습니다. 부부가 함께 공동의 목표를 향해 열심히 살아가는 모습은, 모든 신앙인의 가슴에 따스한 온기를 불어넣어 주셨습니다. 모든 것을 신앙에 의지하신 정 선생님 부부는 정말로 행복한 사람입니다.

문협장 선거가 무엇입니까? 얼굴 모르는 입후보자 몇 명으로부터 전화도 오고 책을 보내주어 잘 읽고 있습니다만, 평소에도 지방회원들에게 따스한 배려가 있었으면 하는 생각도 해봅니다.

2001년은 정 선생님께 희망과 문운이 함께 하는 해이기를 기원합니다. 선생님 안녕히 계십시오.

2001. 1. 1.

이 진 술 드림

정연순 선생님께

갑오년 새해, 선생님의 건강과 가정의 평화를 기원합니다.

『한양수필』 제22집 잘 읽었습니다.

정 선생님의 글 속에는 항상 주님의 미소가 있고, 따스한 향기가 스며있습니다.

「인생은 아름다워라」는 글에서도 나타나있듯이 'ME교육'을 이수한 부부의 삶은 감동 덩어리, 곧 정수입니다.

「홀로서 먼 집으로」에서도 아픔과 고통으로 인해 내일을 알 수 없는 삶 속에서도 우리 아들에게 나보다 더 좋은 어머니를 보내주시라는 기도는 하셨는데, 이는 정 선생님만이 할 수 있는 기도입니다. 정 선생님께서 이토록 신앙의 힘으로 살아가시니 주님도 은총을 계속 듬뿍 내려주실 것입니다.

정 선생님, 좋은 수필집 보내주셔서 감사합니다.

주님의 은총 속에서 건강하시옵고 평화를 누리시기를 바랍니다.

안녕히 계십시오.

2014. 1.

이 진 술 드림

이진술 선생님께

선생님 안녕하신지요?

답신이 늦어서 죄송합니다.

3월에 귀국하여 다시 나갔다 오고, 메일을 다음으로 바꾸는 바람에 네이트 메일을 미처 확인하지 못했습니다.

마침 지난 금요일 평창 생태마을에 갔다가 선생님을 빼닮은 분을 만나 '혹 형님이 계시지 않느냐'고 물었던 적이 있지요. 그러면서 선생님 안부가 궁금했던 차라 더욱 반갑습니다.

늘 격려해주시니 가까이 계신 듯, 오래 뵙지 못해도 뵈온 듯 마음에 모시고 있습니다.

건필하시리라 믿으며 올 여름 더위도 거뜬히 이겨내시기를 바랍니다.

감사합니다. 안녕히 계십시오.

2017. 7. 5.

정 연 순 올림

이진술 선생님께

변함없이 관심과 격려주심에 감사드립니다.

『흙 속의 솔바람 소리』를 받아드니 선생님을 뵈온 듯하여 가슴이 뭉클합니다.

축하드립니다.

세상사람 열에 두엇이라도 선생님처럼 산다면 나머지도 배워 바르고 따뜻하고 진솔한 관계를 이루지지 않을까, 그런 생각을 했습니다. 단란한 가족들의 모습도 참 아름다워서 잔잔하지만 진한 감동입니다.

맹수 같은 더위지만 그 또한 지나가리라는 희망으로 오늘도 느긋이 웃습니다.

은총 가운데 평화를 누리소서.

2012 입추

정 연 순 드림

정휘창 교장선생님께

아카시아 꽃향기 풍기는 5월입니다.

교장선생님 그간 안녕하셨습니까?

문단 원로이신 선생님의 소설집 『남아있는 사람들』을 받고 감사의 뜻을 표합니다.

23편 모두 감명 깊게 잘 읽었습니다. 작품을 통해 평소 교장 선생님의 인품, 문학예술의 깊은 맛이 풍겨납니다. 6.25 동란, 일제 강점기를 배경으로 그 시대 상황을 상상하면서 책을 읽으며, 독서의 흥미에 푹 빠졌습니다.

항상 건강하시옵고 가정의 평화를 기원합니다.

감사합니다.

2007. 5. 16.

이 진 술 드림

정휘창 회장님께

새해 갑오년, 정 회장께서 더욱 건강하시옵고, 가정에 행복이 깃들기를 기원합니다.

『이후 문학』에 실린 회장님의 작품 「팔불출」을 읽고, 느낀 바가 많습니다. 지금부터라도 낮은 자세로 세상을 바라보겠습니다. 글을 읽고 작품을 쓰면서 주의해야 할 사항을 잘 지적해주셨습니다. '철학적 안목을 가져야 한다'는 말씀에 공감하면서 회장님께 깊은 감사의 말씀을 드립니다.

2014. 1. 12

이 진 술 드림

이진술 님께

감사합니다.

『흙 속의 솔바람 소리』 잘 받았습니다.

신앙심이 깊은 분이며, 부인과 자손들과 복되게 지내시는 모습이 눈에 선합니다. 자연과 생명을 사랑하시는 선비라고 여겨집니다.

80고개를 넘어서면서 저도 수필집을 내고 싶은데 뜻과 같이 안됩니다.

마침 제게 있는 소품을 보냅니다.

2012년 7월 5일

한재 **정 휘 창**

이진술 선생님께

『바람처럼 구름처럼』 수필집 출간을 진심으로 축하드립니다.

어느 시인의 말처럼 현대인에게 병이 있다면 그것은 분명코 저마다 마음의 고향을 상실한 일일 것입니다. 어머님께서 아직도 고향에 계시니 행복하겠습니다. '바람처럼 구름처럼' 살 수 있는 것도 바로 영원한 어머니 품 그 고향 때문일 것입니다.

어머님의 만수무강과 문운을 함께 기원합니다.

1996. 병자 원단

보배섬에서 **조 영 남** 올림

이귀복 선생님

2011년이 소리 없이 종말을 고할 시간이 다가옵니다.

선생님께서는 올 한해가 더욱더 바쁘고, 힘들면서 또 보람도 느끼는 한해였으리라 생각합니다. 어려운 여건 속에서 하나하나 앞을 바라보면서 전진해 나가셨습니다. 힘든 고비가 수없이 앞을 막기도 했겠지요. 부모라는 책임감이 채찍이 되고 용기가 되기도 했을 것입니다. 인생의 고비는 누구에게나 다 있습니다. 열심히 노력하는 자는 결국 빛을 보게 됩니다.

딸 유나도 지금쯤 동경 하늘 아래에서 어머니의 노고를 생각하며 열심히 공부하고 있을 것입니다.

부모로서의 책임은 무한정의 책임이요, 갚아도 갚아도 줄지 않는 책임입니다.

밝아오는 2012년은 이 선생님께 가장 행복한 한 해이기를 기원합니다.

안녕, 안녕, 안녕.

2011. 12. 30

대구에서 **이 진 술** 드림

이귀복 선생님께

녹음방초도 꽃 피는 계절보다 결코 못하다는 6월입니다.

그동안 선생님의 수필집 출간을 한없이 기다렸습니다. 수필집 출간을 진심으로 축하드립니다.

지금까지 수많은 수필집을 받아보았지만 선생님의 수필집 『겨울 연어』는 오랜만에 만나보는 따뜻한 마음의 위로였습니다. 섬세한 표현, 마음을 옭아매는 듯한 애틋함이 더욱 좋았습니다. 선생님의 평상시 밝은 표정, 깨끗한 인상과는 달리 성장기에 겪은 남다른 고난의 역사는 님의 가슴속에 한으로 남았습니다.

그러나 좌절하지 않고 오늘의 삶을 훌륭하게 사시면서, 한 권의 수필집을 통해 담담하게 풀어내셨습니다.

선생님의 모든 향기, 폭 넓은 언어구사력, 사물을 대하는 따스한 마음, 긍정적인 사고를 접할 수 있어 더욱 더 기뻤습니다. 경상도 사람의 순수한 인간미를 바탕으로 한 꾸밈없는 인성이 읽는 이의 마음을 데워줍니다.

작품을 읽으면서 표현이 뛰어나다고 느껴서 밑줄을 친 곳이 41줄이나 됩니다. 내가 가장 소중히 생각하는 문학노트에 기록 정리해서 앞으로 문학작품을 쓰는데 참고할 것입니다.

좋은 나무는 좋은 열매를 맺고, 나쁜 나무는 나쁜 열매를 맺는다는 진리를 알면서도 실천할 수 없음이 나를 슬프게 합니다.

서양에서 가장 존경받는 사람은 첫째로 책을 한 권 쓴 사람, 둘째로 아이를 기르고 있는 사람, 셋째로 나무를 한 그루 심는 사람이라고 했습니다. 님은 수필집 『겨울 연가』를 썼고, 사랑하는 딸 유나를 산고 끝에 출산했고, 그리고 세상에 누구보다도 목련을 사랑하는 마음씨를 가졌으니(다른 사람이 열 그루 나무를 심는 것보다 더한 꽃사랑의 마음을 가졌으니) 다 이루었다고 봅니다.

지금 저의 집에는 5월 30일부터 치자나무에 꽃이 피기 시작하여 지금은 20여 송이의 아름다운 꽃이 피었습니다. 바라보기만 해도 마음이 밝아지는 듯합니다.

5월 22일 민족문학 관계로 강석호 선생님이 대구에 왔습니다. 대구회원 몇 명이 모인 자리에서 우연히 글 이야기가 나왔습니다. 그때 이귀복 선생님의 수필이 좋다고 대구의 어느 회원이 말하기에 나는 정말로 기뻤습니다. 진부터 선생님이 좋은 글을 쓰시는 줄은 알았지만, 다른 사람의 입에서 칭찬의 말이 나오니 무척 더 즐거웠습니다.

강 선생님 말로는 7월17일~18일 양일간 통영에서 수필세미나가 있고, 10월경에는 여주에서 추천작가회 출판기념회가 있다니 그때가 기다려집니다. 우리 그때 건배합시다.

고난의 시대를 맞아 정신적, 물질적으로 어려운 시기에 훌륭한 수필집을 출간하신 데 대하여 다시 한 번 축하와 위로의 말씀을 드립니다.

가정에 평화와 건강하시기를 기원합니다.

안녕히 계십시오.

1999. 6. 4

대구에서 **이 진 술** 드림

이귀복 선생님께

무덥던 8월도 가고 어느덧 9월입니다.

아침저녁으로 제법 찬 기운을 느끼게 하는 계절입니다. 세월은 이렇게 빨리 흘러가고 있습니다.

여름에는 비가 안 와서 걱정을 했습니다만 지금은 너무 많이 와서 걱정입니다. 집 안에는 박 넝쿨이 올라가고, 석류도 익어가고 있지만 올해는 계절이 늦어서인지 아직 정열의 석류 속을 볼 수 없어 보내지 못함을 미안하게 생각합니다. 좀 더 짙은 가을이 오면 그때는 치자도 석류도 붉게 익겠지요. 그때를 기대해 보십시오.

추석이 오고 있습니다. 들판의 벼도 황금물결을 이룰 것이며 나는 고향 논공으로 갈 것입니다. 생전 어머니의 따스한 온기를 느낄 수 있는 그곳, 형님과의 반가운 만남으로 즐거운 이야기보따리를 풀면서 그간 못다 한 이야기로 밤을 지샐 것입니다.

성남! 가깝고도 멀게 느껴지는 그곳. 이 선생님이 계시는 곳이기에 다정한 느낌도 듭니다. 언젠가는 부담 없이 서로가 따스한 마음으로 소주잔을 기울일 날이 올 것이라 기대해봅니다.

늘 바쁘게 살아가는 이귀복 선생님.

공부도 좋고 문학도 좋지만 항상 건강하셔야 모든 목표를 달성할 수 있습니다.

즐거운 추석, 둥근 달을 바라보면서 활기차게 보내십시오.

유나가 대학에 진학해서 장학금을 받았으니 장한 일입니다. 학문의 길로 들어서서 훌륭한 결실이 있기를 바랍니다. 큰 뜻을 세우고, 목표를 향해서 꾸준히 노력하는 자만이 목표를 성취할 수 있습니다.

변절기에 항상 건강 유의하시고, 가정에 평화와 안녕이 있으시기를 바랍니다.

안녕히 계십시오.

2000년 9월 3일

이 진 술 드림

이귀복 선생님께

가을엔 편지를 하겠어요.
누구라도 그대가 되어 받아주세요.
낙엽이 쌓이는 날 외로운 여자가 아름다워요.

가을엔 편지를 하겠어요.
누구라도 그대가 되어 받아주세요.
낙엽이 흩어진 날 모르는 여자가 아름다워요.

가을엔 편지를 하겠어요.
모든 것을 헤매인 마음 보내드려요.
낙엽이 사라진 날 헤매인 여자가 아름다워요.

시인 고운의 가을편지가 생각납니다. 이 가을은 소리 없이 자꾸 흘러가고 있습니다.

선생님, 이 밤도 안녕하신가요.

노란 석류잎도 한 잎, 두 잎 소리 없이 떨어지고 있습니다. 저물어가는 가을 늦은 밤, 텅 빈 구민운동장에서 달을 바라보면서 몇 바퀴 돌았습니다. 며칠 전까지만 해도 아름답게 핀 코스모스 꽃도 시들어가고 있습니다. 20C 마지막 가을이라 생각하니 그립고 아쉬운 마음 한량없습니다.

너무나 먼 거리에 계시기에 만나고 싶을 때 쉽게 만날 수 없는 안타까움은 있지만, 사람은 충동적인 감정만으로 살아갈 수 없는 것이 우리 인간사가 아니겠습니까?

선생님, 대부분의 사람들이 너무 인간사에 매달리어 자신도 추스를 수 없는 각박한 세상이지만, 항상 뜻을 같이하는 이 선생님과 편지를 주고받을 수 있다는 사실이 즐겁습니다.

선생님, 안녕히 계십시오.

1999. 10.

이 진 술 드림

이귀복 선생님께

온통 가을의 빛깔. 치자나무의 빛깔도, 석류 빛깔도 담쟁이넝쿨도 점점 붉게 물들어가고 있습니다.

맑은 하늘을 쳐다보며 이 시간 순수한 내 영혼은 어떤 빛깔일까 생각해 봅니다. 어떤 이는 마음이 뒤숭숭하거나 불쾌해지면 자기 이름을 부르며 푸른 하늘에 뜬 흰 구름을 바라보며 시름을 잊는다고 합니다.

선생님, 요즈음 다소 힘든 삶을 영위하고 계시는 것 같군요. 용기를 내시고 열심히 살아가십시오.

다른 사람의 삶도 표면적으로는 화려한 것 같지만, 내면의 생활은 고통과 고민이 있습니다.

하루를 즐겁게 보내는 비결은 아침 일찍 일어나서 '오늘은 나에게 좋은 날이 되라'고 기도하는 일이라 했습니다. 중요한 것은, 슬프고 고된 하루일지라도 그 속에서 실망하지 않고 열심히 노력하며 희망을 잃지 않는 삶을 사는 일입니다.

선생님, 항상 건강하십시오.

가정에 평화를 기원합니다.

1999. 10. 13.

이 진 술 드림

이진술 선생님께 드립니다

모처럼 맑고 푸른 가을을 봅니다.

건강하게 이 가을을 맞고 계시겠지요? 저도 여유 없는 가운데서도 평온한 나날을 보내고 있습니다.

일전에 황순원 선생님께서 타계하셨다는 소식을 듣고 마음 한구석이 아주 허전했답니다. 생전 만나 뵙지도 못했던 분이지만 문단의 큰 나무로 존경했지요. 그 분 작품 중 제목은 기억나지 않지만 6·25전쟁에 얽힌 동화가 있는데, 소년이 사랑하던 소를 끌고 피난을 가다가 그 소가 폭격을 맞는 장면이 제 뇌리에 선명하게 남아있습니다. 그 장면은 다시 선생님 어렸을 때 지뢰를 밟은 소의 이야기와 연결되어 선생님의 작품집을 오늘 다시 펼쳐들고 있습니다(그 작품은 동인지에서 읽었던가요?)

이제 낯익고 정이 든 '논공'이라는 농촌은 제가 자란 '언양'과도 참 많이 닮아있으리라 여겨집니다.

가을이 되니 저도 교향에 한 번 가보고 싶습니다. 여태 벼메뚜기를 볼 수 있을까요? 외할아버지, 할머니, 어머니의 산소를 한 바퀴 돌다 오면 정말 좋을 것 같습니다.

일전에 제천 계시는 김연호 선생님께서 전화를 주셨더군요. 몇 년 동안 소식 없는 제가 궁금하여 안부전화를 하셨답니다. 이제 김 선생님도 저도 조직을 이탈하고 보니, 소식도 적조할 수밖에 없지요. 그 분도 경상도 사나이다운 다혈질을 지닌 사람이지요. 그 분 말씀이 이번 여름, 불교성지를 찾아 중국을 다녀왔는데 난생 처음 비행기를 탔다는 것입니다.

그 분으로 말한다면 값으로 따질 수 없는 귀한 문화재를 수집하여 청주박물관에 기증한 사람이 아닙니까? 저는 청주박물관의 '김연호 코너'를 보려고 여러 번 간 적이 있었습니다. 본인의 생활은 그토록 검소하게 하면서도 그 귀한 문화재를 사회에 환원할 수 있다는 것은 결코 쉬운 일이 아니지요. 그런데 비행기를 처음 타 보고 아이처럼 자랑할 수 있는 순수성과 삶에 대한 자신감에 저는 많은 생각을 했습니다.

선생님, 돌이켜보면 참 좋은 분들로 구성되었던 동인회였습니다. 이 세상 어디에서 그런 열정과 자긍심을 가진 벗들을 만날 수 있겠습니까?

그러나 빛이 있으면 어둠도 있는 것, 저는 스스로 야인이 된 편안함에 요즘은 안주하고 있습니다.

선생님, 모처럼 마음의 여유가 생겨 몇 자 올렸습니다.

가내 평안하시고 좋은 가을이 되시길 빕니다. 안녕히 계십시오.

1999. 9. 26.

이 귀 복 드림

이진술 선생님께

꽃샘추위가 아직 끝나지 않은 3월입니다.

모든 것이 그러하듯이 '통과의례'란 결코 쉬운 일은 아닌 듯합니다. 새봄을 맞이하기 위해 그 의례를 묵묵히 인내해야 하겠지요.

늘 안정되고 정적인 선생님의 생활과 정서가 무척 부럽습니다. 사람이 사노라면 본의 아니게 부대끼고 마음자리가 사나울 때도 있는데, 선생님께선 늘 평정심을 가지고 삶을 사시는 것 같았습니다. 그것은 여러 이유가 있겠지만 스스로의 자세와, 신앙의 힘이 그 근원이 아닌가 혼자 생각해 보곤 합니다.

저는 아주 지겨운 겨울을 보냈습니다. 거의 실내에서 생활했지만 긴 겨울이 따분하고 싫었습니다. 그런 가운데 썩 좋지는 않지만(성적이) 2학년을 끝내고 3학년 공부를 준비하고 있습니다. 학습관의 study모임이나 기타 학우들과의 교류를 통해 정보도 얻지만, 공부는 결국 혼자 해야 하는 것임을 깨닫습니다. 그리하여 3월부터 화, 목, 금은 오전 9시부터 오후1시까지 분당도서관에서 공부하려고 계획을 세워놓고, 어제 처음 도서관행을 했습니다. 오후의 일과 병행하려면 다소 힘은 들겠지만 시작을 다부지게 하려고 합니다. 스스로를 구속하지 않으면 생산적이지 않은 잡념에 빠질 듯하니 이런 방법도 좋으리라 싶습니다.

선생님, 전 사실 어머님을 사랑('애'와 '증'이 섞인)은 하였지만 존경은 하지 않았습니다. 그런 의미에서 저는 행복하지 않지요.

그러나 선생님 인생관에서 깊이 각인된 어머니 상을 느끼곤 늘 '선생님은 부자구나'하는 생각을 했습니다. 그리고 무조건적인 희생의 어머니 모습을 닮아가려 노력합니다.

이제 남녘에서부터 화신이 올라오겠지요. 주어진 일 열심히 하면서 이 봄을 안아보겠습니다.

서로 격려하는 선생님이 계셔 큰 기쁨이라 생각합니다.

하시는 일 모두 잘되시길 비오며, 두서없는 안부 전했습니다.

건강하십시오.

2000. 3. 7.

이 귀 복 드림

이진술 선생님

선생님의 귀한 글월 받고 얼마나 반가웠던지요.

오래전부터 선생님께 글을 띄우고 싶었으나 왠지 조심스럽고 어려워 차일피일 하다가 먼저 글을 받았습니다.

그간 건강하시고 가내 모두 평안하신지요?

선생님의 오래 전 작품 읽으면 드문드문 울릉도에 대한 이야기가 나와서 저는 퍽 친근감이 느꼈지요. 그 아름다운 섬에 대해 공통의 추억이 있다는 것만으로 얼마나 큰 기쁨입니까? 그런데 울릉도에 그토록 진한 발자취가 새겨진 줄은 정말 몰랐지요. 그것도 가족 모두가 말입니다. 정말 선생님은 울릉도가 제2의 고향이 아닐 수 없는 그리움의 땅이군요.

제가 아버지와 그곳에 머물 때에도 울릉도 약소가 유명했지요. 그리고 '우도'에서도 약소를 키운다는 얘길 들었는데, 그 저변에 선생님의 노고가 밑거름으로 깔려있다는 것을 이제야 깨닫습니다. 예민하던 소년기에 본 그 '소'의 죽음이 큰 아픔으로 남을 만하군요. 정말 사람의 일생을 돌아보면 소설 아닌 것이 없나 봅니다. 그런 인연으로 선생님께서 동물들의 의사가 되신 것을 보면 우연이라는 것은 처음부터 존재하지 않는 것이라는 생각이 듭니다.

요즈음은 연수기간이라 시간이 생기셨다니 부럽습니다. 좋은 글 많이 쓰시고 맑은 명상 하실 여유가 생기셨으니 말입니다.

저는 10여 년 넘게 한 아이들 그룹지도가 그만 없이 되어버렸습니다. 그 나름대로 보람과 일에 대한 성취도가 있지만 시간이 너무 빠듯하고 글을 많이 쓰지 못해 늘 몸살을 앓으며 살고 있지요.

내일은 수필문학에 책 엮을 원고를 보낼까 합니다. 아직 몇 편이 부족하지만 쓰는 대로 송고하기로 했습니다. 우선 일을 벌여야지 그렇지 않으면 자꾸 게을러지기 때문에 그 방법을 택했습니다.

선생님. 귀한 글 보내주셔서 정말 고마웠습니다.

늘 건강하시고 복된 시간 되소서.

1998. 12. 10.

이 귀 복 드림

이동민 선생님께

무덥던 여름도 다 지난 듯합니다.

그간 안녕하신지요?

이 선생님의 수필집 『잘 사는 게 뭐지?』 잘 읽었습니다.

고향 건천을 배경으로 한 학창시절과 삼촌 숙모님과 얽힌 가족사, 꿋꿋하고 강인한 삶을 살아오신 어머니에 대한 회한의 글들을 읽고 공감하는 바가 많습니다.

자녀들에 대한 따뜻한 아버지의 정을 느낍니다.

사모님의 서예의 깊이, 늦게 시작한 고미술 공부 등 노후를 즐겁고 보람차게 잘 보내고 계시며 행복한 삶을 영위하시니 부러움을 전합니다.

수필집을 보내주셔서 감사합니다.

항상 건강한 삶, 행복한 노후가 되시기를 기원합니다.

2012. 9. 17

이 진 술 드림

이동민 선생님께

이 선생님 그동안 안녕하셨습니까?

벌써 3월도 중순입니다.

『조선후기 회화사』 잘 읽었습니다. 방대한 자료와 고증을 통하여 미술사의 교과서라 해도 손색이 없는 역작을 출간하시고, 이외도 수필 평론집, 수필집 등을 다수 발표하셨습니다. 축하를 드립니다.

지난 2년 동안 대구문학 수필부문 월평을 하시느라 노고가 많았습니다.

저도 이 선생님의 월평을 읽고 공부하는 계기가 되었습니다. 감사를 드립니다.

올해도 더욱 건강하시옵고 건필 기원합니다.

2012. 3. 10

이 진 술 드림

이진술 선생님께

『흙 속의 솔바람 소리』 출간을 축하합니다.

선생님 안녕하셨습니까?

제가 수필을 통해서 선생님을 안 지도 20년이 되었습니다.

언제나 온화한 모습은 선생님의 수필과 닮았습니다. 선생님의 인생이 묻어있는 글을 읽으면 선생님의 삶의 여로가 느껴집니다. 논공에서 대구로 나와 학교에 다니던 이야기며, 어머니의 이야기며, 참 많은 이야기를 읽었는데, 선생님의 글을 통해서 감동을 느꼈습니다.

이제 네 딸과 사위들, 손주들과 함께 행복한 노후를 보내시기 바랍니다.

다시 한 번 책 출간을 축하합니다.

몸 건강 하십시오.

2012. 7. 4

이 동 민 배상

이진술 과장님 귀하

경칩이 지난 3월임에도 아직도 바람 끝이 쌀쌀합니다.

그 동안 안녕하십니까?

학교의 바쁜 일과가 질서 있게 진행되고 있으며 교감선생님의 건강도 회복되고 있습니다. 모두 걱정해 주신 덕분인가 합니다. 교육 선배님들과 후배님께서 보내주신 정성어린 축하전화, 축전, 축화분에 대한 감사의 인사를 이제야 드리게 됨을 용서바랍니다.

학교 현장의 모습은 전문직에 근무할 때와는 많이 다르고 할 일도 많은 것 같습니다. 부족하고 어려운 문제는 선배님들의 도움을 받아 열심히 노력하겠습니다. 보내주신 성원에 일일이 찾아뵙고 인사드려야 함이 마땅한 도리이나 그러지 못함을 송구스럽게 생각합니다.

범물여중을 지나시는 길이 있으실 때 들러 주신다면 영광으로 생각하고 정성이 담긴 차 한 잔이라도 대접하겠습니다.

늘 건강하시고 하시는 일마다 뜻대로 이루시길 기원합니다. 정말 감사합니다.

2000년 3월 봄날

범물여자중학교장 **이 방 자** 올림

十 찬미예수님

이진술 과장님께

"나에게 많은 도움을 준 분들이 하나, 둘 저의 곁을 떠나고 있습니다. 시간이 흐를수록 그 분들에게 감사하다는 뜻을 전할 시간이 줄어가고 있음이 나를 슬프게 합니다. 나를 기억하는 모든 분, 그리고 나와 인연을 맺은 모든 분들에게 나의 마음을 전하고 싶어……."

허겁지겁 보낸 지난 한 해가 허망하게 묻혀버린 새해 아침, 한숨 돌릴 여유도 없이 또 거미줄처럼 업무가 시작되는 새해 첫날입니다. 그래도 '바람처럼 구름처럼' 신선한 수필집 한 권이 저의 책상머리를 밝혀줍니다.

감사합니다.

올해는 더욱 본격적인 시작활동을 할 결심을 세웠습니다. 계속 관심과 사랑으로 지켜봐 주시고 지도해주시기 바랍니다.

새해에는 더욱 건강하시고, 주님의 축복이 듬뿍 내리시기를 삼가 기도합니다.

1996. 새해아침

이 순 옥 드림

선물을 주신 이 선생님께

편지라는 것을 어느 때 써보았는지 생각도 잘 나질 않는 걸 보니 꽤나 오래 잊고 살았나 봅니다.

편지에 얽힌 마지막 기억이, 갓 시집와서 일본에 계신 시아버지께 편지를 보낸 일이 아닌가 싶네요.

요즘 우편물이란 게 무슨 통신 아니면 여성정책, 쇼핑몰 등 누구에게나 똑같은 우편물이라서 그냥 보고 무심히 던져 버리는 것이 아니면 청첩장 정도인데, 이렇게 귀한 우편물을 선물로 받고 보니 못 쓰는 편지나마 답을 해드려야 될 것 같습니다. 글 실력으로는 유치원 수준도 되지 않는다는 게 안타깝지만 이해하시길 바랍니다.

책을 보고 나니 조금은 더 친숙해지는 느낌이 듭니다.

이 선생님의 생활이 책 속에 그대로 실려 있어 어느 정도 살아온 생활을 가늠하게 하는군요. 모든 생활이 완벽하고 책임 있는 삶을 살아오셨더군요. 찢어지게 가난했던 시절을 교훈삼아 신앙과 직장과 가정이란 울타리 안에서 우직하고 겸손하고 조심스럽게 또한 모든 면에서 자부심을 가지고 행복한 생활을 하셨기에 정말로 부러운 생각이 듭니다. 이렇게 복된 삶을 누리는 사람들이 이 세상에 과연 얼마나 될까요? 축복의 박수를 보내드립니다.

이런 마음을 가슴 깊이 간직한 채 표현할 줄도 모르고 가슴 시리게 살아온 날들을 아름다운 과거로 승화시키며 앞날을 살렵니다.

이 선생님의 책을 본 애독자로도 좋고 또한 친구로도 좋습니다. 편지가 이상하다고 흉보지 마시고 실력이 그것뿐이니 이해해주시기 바랍니다. 두서없는 글 써 봅니다.

더더욱 복된 삶을 누리시기를 기원하면서.

2001. 11. 27

선생님의 책을 두 번 본 **채 명 자** 드림

이진술 선생님께

선생님, 책을 반갑게 받아주신 것만 해도 감사한데 이렇게 격려의 말씀을 해주셔서 무어라 감사해야 할지요.

구룡포, 구미 근무를 마치고 지금은 칠곡군 신동중학교에 근무하고 있습니다.

아직 다듬어야할 부분이 많은 글인데도 마음으로 읽어주셔서 정말 감사합니다.

보내주신 격려, 글과 삶을 오롯이 여미는 것으로 보답하겠습니다.

봄이라고 하는데 미세먼지가 심각합니다.

항상 건강에 유념하시기를 빌며 감사의 마음 올립니다.

2018. 3. 28.

하 정 숙 드림

하정숙 선생님께

하정숙 선생님의 수필집 『미모사처럼 나를 여민다』 출간을 진심으로 축하드립니다.

20년의 늦은 대학생활, 야간수업으로 꿈을 이룩한 하 선생님! 부모님이 계시지 않는 가정에서 동생들을 돌보며 마음먹은 것을 모두 이루신 선생님은 인간 승리자입니다.

구룡포 바다를 바라보며 학생들을 지도하며 꿈을 심어주시는 선생님은 참교사입니다. 글짓기 120편에 댓글을 달아주시는 자상한 선생님이기도 합니다.

"수필낭송은 오롯이 작가의 속으로 들어가서 그 작가의 마음이 되어 한자한자 새김질해 보기 위해서다." 하신 말씀 공감합니다.

작품의 군데군데 드러나 있는 아름다운 인간관계에서 따스한 마음이 스며납니다. 특히 수녀님과의 정적인 교분은 아름답습니다.

아가다 선생님, 건필을 기원합니다.

항상 건강하시고, 가정의 평화를 바랍니다.

2018. 4. 9.

이 진 술 드림

이진술 선생님께

수필집 『흙 속의 솔바람 소리』 출간을 축하드립니다.

'감사한 마음을 전하고 싶어' 머리말을 읽으니 그 감사한 마음이 신앙심에 바탕을 둔 것이란 생각을 했습니다.

가족사랑, 자녀사랑이 따뜻하고 깊으셨습니다.

1970년 '마리아 씨에게 보낸 편지' 등도 감동이었습니다. 그리고 42년 후 그 마리아 씨에게 쓴 편지도 감동이었습니다. 특히 "당신 정말로 사랑합니다."가 압권입니다.

2012. 7. 6.

허 창 옥 드림

허창옥 선생님께

늦가을 제법 쌀쌀한 날씨입니다.

그간 안녕하셨습니까?

두 번째 수필집 『길』 잘 읽었습니다.

약국 경영하시면서 무척 바쁜 가운데서도 훌륭한 수필집을 발간하신 선생님께 진심으로 축하를 드립니다.

「길」「만추」「햇살 가득한 방에서」「독백」 등을 특히 잘 읽었습니다.

어릴 때부터 독서를 많이 하여 문학수업의 기초를 튼튼히 한 결과라 생각합니다.

훌륭한 작품집을 읽고 감사의 뜻을 전합니다.

항상 건강하십시오.

2002. 11. 15.

이 진 술 드림

허창옥 선생님께

허창옥 선생님, 그동안 안녕하셨습니까?

선생님의 네 번째 수필집 『새』 잘 읽었습니다.

읽을 수 있고, 쓸 수 있음을 은총으로 여기며 살고 있다는 선생님의 그 말 한마디는 수필에 대한 사랑과 집념 모두를 말하는 듯합니다.

수연할머니에 대한 사랑, 폐지를 수집하는 사람들에게 베푼 온정 등이 우리의 시린 등을 따뜻하게 해줍니다. "비 피해가세요." 그 한 마디가 그 분에게 얼마나 큰 위안이 되었을까요. 나를 챙겨주는 사람이 있다는 감사의 마음은 평생 잊지 않을 것입니다.

옴마, 옴마, 울 옴마… 작품에서 모친의 한스런 삶에 허 선생님께서는 불효를 저질렀다고 후회하고 있지만, 허 선생님께서는 악조건 속에서도 뜻을 이루고 수필가로서 깨끗한 이미지로 열심히 살아가며 불쌍한 이웃에 정을 주고 있으니 부모님의 은혜를 갚고 있다고 생각합니다.

죽기 전에 하고 싶은 것 - 수채화 그리기, 죽자고 글쓰기, 밤새워 책읽기, 사흘 밤낮 잠자기, 멍하게 앉아 있기 등을 통해서 투철한 작가 정신을 엿봅니다. 사유하고 천착하며 수필은 나의 존재 이유라고 밝힌 선생님의 글은 깨끗하고 맑고 밝은 수정체 같은 메시지가 담겨있다고 생각합니다. 내 생애 책 100권을 정하여 독서하면서 일상의 감정을 풍성하게 살아가시고자 하는 선생님, 선생님의 작품이 좋은 것은 독서의 힘이라고 생각합니다.

항상 건강하시옵고, 가정에 평화와 행복이 있으시기를 기원합니다.

2013. 5. 6.

이 진 술 드림

이진술 선생님

안녕하십니까?

보내주신 수필집 『흙 속의 솔바람 소리』 잘 받았습니다.

인생의 과반을 공직에 헌신한 저의 과거와 선생님의 과거가 비슷하여, 책을 보니 저의 과거도 돌아보게 되었습니다.

1년간 울릉군에서 생활하셨다는 것을 이 책에서 알게 되어 지난 울릉군의 주재원 생활이 회상되기도 했습니다.

또 지게에 땔나무를 가득히 해서 받쳐놓고 쉬면서 들었던 그 바람소리는 소년기의 못 살았던 생활을 새로이 반추케 했습니다. 먹을 것 입을 것이 없어 참담하게 지내온 우리들의 과거를 소리 내어 하소연하고 싶을 때가 허다하였으나 혼자만의 비운으로 접어 두었던 애상을 상기하게도 했습니다.

고생과 수고가 많으셨던 과거를 넘으셨으니 이제 건강에만 유념하시고 즐거운 나날이 이어지시기를 간곡히 기원합니다.

언젠가 시간이 마련되면 배봉의 기회를 가져 독후감과 함께 흘러간 과거를 설파하고자 하는 기대도 없지 않습니다.

아무쪼록 건강하시고 더욱 좋은 작품 출간을 간절히 기대하겠습니다.

2012. 7. 30

황 인 발 드림

심후섭 선생님께

심후섭 선생님 그간 안녕하셨습니까?

'아빠가 들려주는 『인성동화』' 잘 읽었습니다.

심 선생님의 존함은 일찍부터 신문지상을 통해 익히 잘 알고 있습니다. 아동문학가로서 초등학교 국정교과서에 동시와 동요가 3편이나 실렸으니 문학적인 측면에서 크나큰 자랑이 아닐 수 없습니다.

또한 참교육자로서 올바른 교육행정을 펼치면서 학문연구와 아동문학에 정진하시어 큰 업적을 남겼습니다.

제가 대구시청 공무원으로 재직할 시 '새마을대구시지회'에서 독서 캠페인을 펼친 적이 있습니다. 당시 심 선생님은 대구시교육청 장학사로서 함께 참석하셨습니다. 그때 짧은 시간이지만 인사를 나눈 적이 있습니다.

"인성은 평생의 자산이다."란 선생님의 말씀에 공감합니다. 인품이나 인격은 모두 인성의 기초 위에서 이루어진다고 생각합니다.

선생님의 서른아홉 가지 인성동화를 읽어보니, 어린이뿐만 아니라 누구라도 금과옥조로 삼아야할 '모두를 위한 책'이더군요.

선친의 말씀을 지키며 "자신에게 생긴 노함을 남에게 옮기지 말라."는 말씀을 좌우명으로 삼았으니 그 얼마나 장한 아들입니까.

평소엔 아동문학을 접할 기회가 많지 않아 약간은 등한시한 점도 있었습니다.

하지만 선생님의 책을 읽고 보니 아동문학이야말로 어린이나 청소년 등 성장기에 꼭 필요한 인성의 밑거름이 된다는 사실을 확인하게 되었습니다.

훌륭한 인성동화를 출간하신 심후섭 선생님께 감사를 드립니다.

항상 건강하시옵고, 추운 날씨에 건강에 유의하십시오.

안녕히 계십시오.

2014. 12. 20.

이 진 숱 드림

제2부

그대의 글을 타고 그대 삶이 살갑게 다가옵니다

수필집을 받고 보낸 감사 편지

강석호 선생님께

희망찬 새천년을 맞아 강 선생님의 건강과 '수필문학사'의 영원한 발전을 기원합니다.

그동안 수필문학사를 통하여 많은 수필가를 배출하시고, 미래의 수필문학 방향을 제시하고, 오직 수필문학 발전을 위해서 노력하고 계시는 강석호 선생님께 감사하다는 말씀을 전합니다.

선생님의 문학평론집 『한국 수필문학의 새로운 방향』을 받고 감사한 마음 한량없습니다.

제가 글을 쓰는데 좋은 지침서가 될 것입니다.

열정은 아직도 많이 남아 있으나 글을 쓰기 어렵다는 생각이 듭니다. 항상 열심히 노력해서 추천해주신 강 선생님께 누가 되지 않도록 노력하겠습니다.

2000년에는 선생님께서 소망하시는 바가 모두 이루어지시기를 기원하며, 수필문학사의 무궁한 발전과 직원 여러분의 건투를 빕니다.

안녕히 계십시오.

2000년 1월 22일

대구에서 **이 진 술**

十찬미예수님

이진술(도밍고) 님

강인수가 문안 인사 올립니다. 그간 옥체만강하시고 댁내 제절이 두루 균안하시온지요?

주님의 은총이 두 내외분께 충만하시기를 축원합니다.

세월이 참 빠릅니다. '무정세월약유파'란 옛말처럼 성지순례를 다녀오신 지가 벌써 이십여 일이 지나 칠월이 되었습니다. 성지순례 중에 두 내외분께서 베풀어주신 은혜에 대하여 진심으로 감사드립니다. 소인은 어지신 두 내외분을 앞으로 자주 만나 뵈올 수 있기를 바랍니다.

드릴 말씀은 많지만 저를 기억에서 지워버리실까 봐, 우선 순례 중에 제 감정을 적어본 글이 있어 이를 동봉합니다.

예를 갖추지 못한 점 용서를 바라며 이만 줄입니다.

안녕히 계십시오!

2016년 7월 3일

강 인 수(필립보) 올림

十찬미 예수님

이 형제님께

보내주신 참 좋은 책 잘 받았습니다.

저도 하느님과 함께 오솔길 걸으며 기쁘게 즐겁게 감사하며 '순천자 존, 역천자 망'의 일념으로 한세상 보내려고 합니다.

새해에는 더욱 건승하시고 매사에 소원성취하시기 축원합니다.

2007. 12. 28

강 인 수 드림

권순우 선생님께

권 선생님, 새해 계사년 건강과 가정의 평화를 기원합니다.

권 선생님 수필집 『그리운 날의 비망록』 출간을 축하드리며, 수준 높은 작품 잘 읽었습니다.

고향 안계를 중심으로 펼쳐지는 가족사, 5일장의 국화빵 등 농촌출신인 저에게도 공감하는 바가 많습니다. 분홍편지 등 젊은 날의 아름다운 추억도 간직하고 계십니다. 6·25는 우리가 영원히 잊지 못하는 아픈 기억입니다. 부친님을 나라에 바친 권 선생님의 슬픈 감정이야 어찌 글로 다 표현하겠습니까? 「아버지의 나무필통」은 다른 문학지에서 이미 읽어 좋은 작품으로 생각하고 있었습니다. 호주로 이민 간 친구 j와의 우정 또한 아름답습니다.

훌륭한 수필집 보내주셔서 감사를 드립니다.

안녕히 계십시오.

2013. 1. 16

이 진 술 드림

권현숙 선생님께

소담 선생님의 수필집 『바람 속에 들다』 잘 읽었습니다.

문학공부를 하시던 중 10여 년간 쉬었다가 재충전하여 다시 문학의 길로 걸어오셨다는 선생님의 글은 생기가 납니다. 가정사, 일상사를 재미있게 표현해주셨습니다.

첫 수필집 출간을 축하드립니다.

문학의 향기를 계속 펼치시길 기원합니다.

2016. 11. 7

이 진 술 드림

김덕일 선생님께

김 선생님의 수필집 『세수 하나 마나』를 감명 깊게 잘 읽었습니다.

성실을 지표로 삼고 열심히 그리고 거짓 없는 인생을 참되고 알차게 살아오신 선생님이야말로 이 땅에서 훌륭한 사도의 길을 걸어오신 분이라 느껴집니다.

겉과 속이 똑같은 분이라 생각합니다. 성실한 생활태도, 진솔한 감정표현은 독자들에게 많은 감동을 주리라 봅니다.

항상 가정의 평화와 건강을 기원하며, 문운이 함께 하시기를 기원합니다.

건투를 빕니다.

1998. 9. 21.

대구에서 **이 진 술** 드림

김미숙 선생님

김 선생님 그동안 안녕하셨습니까?

『배꽃 피고 지고』 잘 읽었습니다.

뛰어난 표현력으로 출간하신 수필집 감사히 잘 읽었습니다.

산골 탄광에서 어린 시절을 보낸 김 선생님은 밝고 순수한 심성을 바탕으로 그 어려운 역경을 극복하고, 어려운 인간관계를 잘 풀어가면서 힘찬 발걸음으로 올곧게 잘 해쳐오셨습니다. 특히 자녀교육에 대하여 확고한 신념으로, 자녀에게 책임감과 인내력을 심어주시어 훌륭한 열매를 거두었다고 생각합니다.

다시 한 번 수필집 출간을 축하드립니다.

항상 건강하시옵고, 가정의 평화를 기원합니다.

2011. 7. 7.

수성구 범어동에서 **이 진 술** 드림

김복희 선생님께

범어동산 벚꽃도 어제 비로 절정이 지난 듯합니다.

그간 안녕하셨습니까?

수필집 『별을 보며』에 실린 선생님의 작품 잘 읽었습니다. 「전쟁」을 읽고, 끝까지 추격해서 요절을 내는 강한 성격의 일면을 느끼기도 했습니다. 「우리 동네 할머니를 부탁해」는 범어공원에 오랫동안 걸린 현수막을 여러 회원들과 함께 보았습니다. 작가의 정확한 눈으로 애잔한 마음을 잘 표현한 글이 감동입니다.

「정연퇴임식장에서」는 노교수의 퇴임식에서, 부군과 함께 늙어감에 따라 찾아오는 우리 몸의 변화를 노하우로 잘 극복하고 나머지 인생을 지혜롭게 잘 살아가자는 격려의 글로 잘 읽었습니다.

모두 작가의 정확한 안목으로 쓴 좋은 작품이었습니다. 잘 읽었습니다.

감사를 드립니다.

2013. 4. 7.

이 진 술 드림

김상립 선생님께

성하의 계절에 김상립 선생님 안녕하셨습니까?

3번째 수필집 『눈 깜짝할 사이에』를 잘 읽었습니다.

고향 통영을 중심으로 어린 시절의 글을 잘 읽었습니다. 좋은 환경에서 자라셨다고 생각됩니다.

일상사에서 느끼고 감명 받은 일들을 꾸밈없이 진솔하게 쓰신 이 수필집은 김 선생님의 사상, 생각 등을 정확히 접할 수 있었고, 그래서 기쁩니다.

30여 년간 사료업체에서 올바른 경영, 내실 있는 운영으로 훌륭한 족적을 남겼습니다. 보람 있는 삶을 사셨다고 생각합니다.

스코필드 박사의 훌륭한 인격과 인품은 잘 압니다. 34인 독립운동가의 한 사람, 한국을 가장 사랑했던 캐나다 태생의 병리학자 그 분이 아니었습니까?

「엽서 한 장의 글」은 길고도 아쉬운 여운이 남습니다. 뜻대로 그 일이 성사되었다면, 지금쯤 김 선생님은 우리나라 축산을 위해 연구, 발전시키는 교수나 학자가 되었겠지요. 그러나 주어진 여건에서 최선을 다한 삶도 훌륭한 삶이 아닐 수 없습니다.

IMF를 맞아 심적, 경제적 어려운 여건 속에서 수필집을 출간하신 김 선생님의 노고에 깊은 경의를 표합니다.

늘 건강하시옵고 건투를 빕니다.

1998. 7. 4.

이 진 술 드림

김상희 선생님께

희망의 새해에, 김상희 선생님의 가정에 평화와 행복이 깃들기를 기원합니다.

김 선생님의 두 번째 수필집 『화려한 반란』 잘 읽었습니다.

나이를 먹지 않는 청년의 모습으로, 열정으로, 좋은 글을 남긴 김 선생님께 경의를 보냅니다. 일찍이 50년대 진주 개천예술제에서부터 문학활동을 하셨다니 김 선생님의 필력은 누구나 부러워할 것입니다.

'수필문학 21'의 회장으로서 부산수필을 이끌어 가시는 김 선생님은 책임이 무겁겠지만 보람도 있겠습니다. 수필문학 부산작가회 회원 여러분께도 좋은 작품을 쓴 노고에 대하여 위로의 말씀을 드리고 싶습니다.

김 선생님은 식지 않은 열정과 노력으로 좋은 작품을 쓰고 계시니 찬사를 보냅니다.

두 번째 수필집 상재를 진심으로 축하드립니다.

새해, 건강과 가정의 평화를 기원합니다.

안녕히 계십시오.

2001년 1월 1일

대구에서 **이 진 술** 드림

김연대 선생님께

신록의 계절에 김연대 선생님 안녕하셨습니까?

김 선생님의 제3시집 『꿈의 회향』 잘 읽었습니다.

선생님의 시를 읽으면 나의 마음도 맑아지고 깨끗해지는 듯합니다.

소박하면서도 깊이를 더해 주시는 것 같습니다.

대구불교문협 회장으로서도 노고가 많습니다.

항상 건강하시옵고, 문운이 함께 하시기를 바랍니다.

2002. 6. 2.

이 진 술 드림

이진술 선생님께

보내주신 귀한 수필집 고맙게 잘 읽었습니다.

책 앞면에 '김영경 님께' 그리고 '2012년 여름 이진술 드림'이라 적어 보내셨지요.

뵌 적도 없고, 존재감도 없는 독자(수필의 동호자)에게 이렇게 손수 이름 적으신 책을 받고 보니 무엇인가 답례가 있어야겠다는 생각 끝에 저의 졸작 수필집 『삶의 이정표』와 시집 『기억의 집』을 우송하겠습니다.

처음부터 마지막까지 다 읽고 심심하면 또 꺼내 읽으려고 가까이에 두었습니다.

아무에게나 책을 보내는 편이 아니지만, '글은 그 사람이다'라고 하신 것을 상기하면서 '이 분 같으면 간혹 읽어주시겠지' 싶고 어쩐지 동감이 가는 고향분이라 여겨져 보냅니다.

간혹 나오는 어머님에 대한 글귀를 읽으면서 몇 번 눈물을 흘렸습니다. 20년의 나이 차는 부모 대우, 10년은 형 대우, 5년이면 어깨동무할 수 있다는 구절에 힘입어 고향 누나 같은 기분으로 이 글을 씁니다.

많은 자료와 많은 지식, 새로운 감각에 시대 차를 느끼면서도 수필이란 언어 그대로 거짓 없고 허식 없는, 그러면서도 무엇인가를 느끼게 해주는 문학이란 점에서 좋은 분야라고 새삼 깨닫습니다.

아직 70대이시니 그 때가 한창입니다.

많은 활동하시고 건강하십시오.

2012. 7. 12.

동부 이촌동에서 **김 영 경** 드림

김영경 선생님께

김 선생님의 수필집 『삶의 이정표』를 잘 읽었습니다.

누구보다도 고향 진주 남강, 하동의 섬진강 강가에서 꿈을 키우며 훌륭한 부모 밑에서 고등교육을 받고 종교에 귀의하면서 훌륭한 삶을 살아오신 선생님께 경하의 말씀을 드리고 싶습니다.

부모님에 대한 아름다운 추억, 일가친척에 대한 따스한 정을 사랑하시는 선생님!

특히 그 해 6월 25일, 동시대를 살아온 저로서는 많은 아픈 기억을 새로이 느끼게 됩니다.

수필집 출간을 축하드립니다.

항상 건강하시옵고 평화와 안녕을 기원합니다.

2000년 8월 22일

이 진 술 드림

김영례 선생님께

지금은 아름다운 봄의 계절입니다.

김 선생님 그동안 안녕하셨습니까?

수필집 『그럼에도 불구하고』 잘 받았습니다.

너무나 인간적이고 진솔한 수필집 잘 읽었습니다. 따님의 죽음, 손자 영빈 등에 관한 글, 친우 숙에게 호소한 글 등이 선생님의 아픈 마음을 잘 표현해주었습니다. 밤마다 동화책 10권을 읽어주어야 잠이 드는 영빈에게 엄마가 나오지 않는 동화책을 골라 읽히는 일…….

다문화가족 특히 인도네시아 교인들에게 쏟은 정성은 언젠가 그들 앞에 훌륭한 등불이 될 것입니다. 그들의 희망이 될 것입니다.

훌륭한 수필집 출간을 축하드리며, 항상 건강하십시오.

2014. 4. 25.

대구에서 **이 진 술** 드림

이진술 선생님께

안녕하십니까?

이번에 제 졸문 뭉치를 부끄러운 마음으로 상재했는데, 선생님께서 따스한 편고까지 주시니 실로 영광입니다. 더욱이 춘원 선생님 글에 심취하셨다니 지기를 만난 반가움이었습니다.

저는 지금 시판되고 있는 이중오 교수의 저서 『이광수를 위한 변명』을 읽고 있습니다. 그분은 뉴욕주립대학 의대에서 정신과 교수로 재직하고 있는데, 정신과전문의가 분석한 춘원 선생님에 대한 글입니다. 세월이 약인지 이제야 춘원 선생님의 평가가 달라지는 기운이 일고 있는가 봅니다.

선생님, 서기 가득한 이 계절에 가내에 축복 가득하시길 축원 드립니다.

선생님의 빛나는 문운을 빕니다.

고맙습니다.

2000. 3. 20.

김 영 애 드림

김창제 선생님께

김 선생님 그동안 안녕하셨습니까?

김 선생님의 두 번째 시집 『고철에게 묻다』 잘 읽었습니다.

공대에서 전기공학을 전공하시고, 이렇게 훌륭한 시집을 출간하신 선생님께 진심으로 축하를 드립니다.

어려운 역경을 잘 극복하시고 '고물장수'의 실상을 잘 그려내신 선생님의 필력을 높이 칭찬하고 싶습니다.

새해 2002년에도 항상 건강하시옵고 문운이 함께 하시기 바랍니다.

안녕히 계십시오.

2002. 2. 14.

이 진 술 드림

이진술 선생님께

제 수필집을 읽어주신 것 감사합니다.

변변치 않은 글을 과찬해주시니 송구스럽습니다.

오늘 아침의 시애틀은 자욱한 안개가 마치 꿈길처럼 하루를 열어줍니다.

선생님의 최근 작품 한 편을 보내주시면 좋겠습니다.

대구는 낯선 곳이 아닙니다. 어릴 때 몇 군데 머문 기억이 있고, 영남대 교수로 정년퇴임하신 외사촌 오빠가 아직 그곳에 사십니다. 방송통신대 대구학습관에도 여러 번 출장강의 나갔던 일이 있어 이름만으로도 반가운 고장입니다.

가끔 소식 주고받기를 기대해 봅니다.

2007. 2. 7.

시애틀에서 **김 학 년** 올림

이진술 선생님께

『수필문학』 8월호에 실린 선생님의 글을 읽다가 문득 미사보를 만들고 싶었습니다.

별 것 아니지만 정성껏 만든 것이니 어머니께 전해드리기 바랍니다.

함께 공부하던 문우 중에 바느질을 하는 사람이 있었는데, 「나의 어머니」라는 글에 감동을 받아 아드님의 효성에 작으나마 일조하고 싶었다는 말씀과 함께 전해드리십시오.

훌륭하신 어머님을 두셔서 얼마나 좋으십니까? 어머니 덕분이시기도 하지만 선생님께서는 수필에 대한 열의가 참으로 대단하십니다.

선생님을 뵈면 다른 일에서도 다 그러하시리라 짐작됩니다. 훌륭하신 어머니와 훌륭하신 아드님이라 생각합니다.

매번 선생님의 글을 유심히 봅니다. 문단과 문장은 아직 더 정리해야할 곳이 있지만 언제나 신선한 소재로 정감이 넘치고 있음을 이곳 문우들끼리 이야기하곤 한답니다.

좋은 글 더욱 많이 쓰시길 바랍니다.

1995년 8월 하순

맹 명 희 올림

묘법수 법사님께

2011년 종말을 고하는 시간이 다가옵니다.

별로 이룬 것 없이 후딱 시간만 흘렀습니다.

때로는 어려운 기간도 있었지만, 큰 허물없이 한 해를 보냈다는 사실에 안도합니다.

많은 것을 기대하는 2012년은 아닙니다. 그렇지만 몸 건강하시고 가정의 평화만을 기원합니다. 희망을 가져다주는 한 해이기를 바랍니다.

안녕, 안녕, 안녕.

2011. 12. 30.

해전 **이 진 술** 드림

묘법수 법사님께

안녕하십니까?

예상보다 긴 시간이 지나니 약간 사기가 떨어진 것 같습니다. 5월의 아카시아 꽃도 별로 느끼지 못하고 지났습니다. 3개월이 더 흘러갔습니다.

이제 병원은 안가고 집에서 요양 중입니다. 그리고 쑥뜸을 3번하고 아침운동은 조심해서 나가고 있습니다.

인간의 죽음은 쉽게 올 수도 있다고 생각됩니다.

병실에서 지내보니 흔적을 남기는 것도 중요하다고 생각되어 두 번째 수필집 『흙 속의 솔바람 소리』를 낼 준비 중입니다. 기대를 해요.

묘법수 님, 건강하고 활기차고 항상 긍정적으로 밝은 인생을 즐기십시오.

2012. 5. 22.

이 진 순 드림

이진술 선생님께

꽃들이 떠난 나뭇가지에선 예쁜 연두 잎들이 푸르름으로 치장을 하고, 강동교정 울타리에는 오월의 장미가 정열을 불태우고 있습니다.

모든 것이 예쁘고 화려한 계절인데, 병상에 계시는지 퇴원은 하셨는지 궁금합니다. 어디가 얼마나 불편하신지…….

며칠 전 전화를 받으니 끊어져서 즉시 다시 전화를 했지만 받지 않으셔서, 통화할 수 없는 사정이 있으시구나 생각했습니다.

병문안도 가지 못하고 죄송합니다.

빠른 쾌유를 빌며 건강하십시오.

2012. 5. 20.

묘 법 수 드림

박달원 교장선생님께

새해가 밝았습니다.

박 교장님 항상 건강하시옵고 가정의 평화를 기원합니다.

박 교장께서 인생과 자연을 통찰하며 문학적 표현을 가미한 4번째 시집 『꽃도 바람에 흔들리며 피어난다』를 읽고 혼자 웃기도 하고, 또 시집 제목에다가 나의 처지를 대입해보고 공감도 합니다.

선생님이 비록 '산문과 시학'을 떠났지만, 이전의 마음으로 교분을 바랍니다.

안녕히 계십시오. 감사합니다.

2012. 2. 14.

이 진 술 드림

박로사 님께

박 선생님, 신록이 무성한 계절 5월을 맞이했습니다.

그간 안녕하셨습니까?

박 선생님! 2000년 대구문예 소설부분 당선을 진심으로 축하드립니다.

저 역시 어느 한 때 소설을 공부한 사람으로서 또 가톨릭 신앙인으로서 오늘의 기쁨을 함께합니다.

박 선생님은 계속 소설공부를 열심히 한 결과 오늘의 영광을 차지했습니다. 그 기간 동안 남다른 고통과 인고의 세월을 보냈을 것입니다.

그러나 좌절하지 않고 노력한 보람이 오늘에야 빛을 발했습니다. 당선작 「환희의 송가」 잘 읽었습니다. 선생님의 깨끗한 마음과 성품을 나타낸 글이라 생각합니다.

30여 년 전 군대생활 때 읽어본 김형석 교수가 쓴 『사랑과 영혼의 대가』 가 생각납니다. 오래되어 기억은 정확하지 않습니다. 어느 신부님이 K라는 여인으로부터 사랑의 고백을 받고, 사랑하면서도 끝까지 사랑을 꽃 피울 수 없는 위치라 외국으로 떠나는 줄거리였던 것 같습니다.

박로사 님의 글은 플라토닉 러브에 가까운 글이라는 생각을 해봅니다.

이제 훌륭한 소설가로서 좋은 글 쓰시기를 기원하며 문운이 함께 하시기를 바랍니다.

그간 노고가 많았습니다.

안녕히 계십시오.

2000년 5월 4일

이 진 술(도밍고) 드림

박종숙 선생님께

올해는 봄의 기운을 느껴보지 못한 채, 바로 뜨거운 여름을 맞이한 기분입니다.

지금 춘천의 아름다운 의암호 댐이 생각납니다.

박 선생님의 수필집 『내 영혼의 강가에서』를 끝까지 잘 읽었습니다.

교도소의 교화사업 등 사회자원봉사자로서 소임을 다 하시면서, 좋은 심성으로 훌륭한 수필을 쓰시는 박 선생님은 진정 타고난 행복을 가진 분이라 생각합니다. 특히 「줄지 않는 빛」 「살며 생각하며」 「내 영혼의 강가」 「호수지기의 연가 1,2,3 」 등을 읽고, 어쩌면 이렇게 훌륭한 표현기법으로 독자의 심금을 울릴 수 있는가 생각했습니다.

항상 건강하시옵고 가내 두루 평화와 영광이 있으시기를 기원합니다.

1998. 4. 23.

대구에서 **이 진 술** 드림

고마운 이진술 선생님

오랜만이에요.

대구하면 언제나 생각나는 선생님. 한동안 얼굴을 뵙지 못해 궁금했는데, 언젠가 세미나 장소에서 뵙고는 얼마나 반가웠는지 모릅니다.

글을 쓰는 사람은 글로써 말하고 글로써 사람을 확인하게 되지요.

이렇게 소감까지 적어 보내주시어 감사하고 고맙습니다. 제가 할 수 있는 이야기는 호수로 자랑하는 일밖에 없겠지요.

예쁘게 봐주시고 격려해 주시니 더 좋은 글을 쓰라는 격려로 알고 더 많이 노력하겠습니다. 항상 건강하시고 건필 바랍니다. 가끔씩 세미나에서 얼굴 보여주세요.

얼마 남지 않는 한해의 끝을 무리 없이 매듭지으시기를 빌겠습니다.

2007. 12. 7.

박 종 숙 드림

이진술 선생님

전라도에 사는 박진욱입니다.

보내주신 귀한 작품집 감명 깊게 읽었습니다.

저 같은 신인도 잊지 않고 챙겨주시는 배려에 감사의 말씀 올립니다.

선생님의 작품집을 다 읽는 동안 아련한 영상 하나가 줄곧 따라붙었습니다. 좀체 지워지지 않는 영상입니다. 검정색의 중학생 교복, 금색단추, 반항하듯 삐뚜름하게 쓴 모자, 억새꽃이 하얗게 일렁이는 밭둑길을 지친 어깨 추스르며 가는 중학생의 뒷모습이 자꾸만 눈에 밟혔습니다. 아마도 작품 중에 「나의 어머니」 「고향의 달밤」 등 고향을 소재로 한 작품들의 형상이 하나의 이미지로 각인된 듯합니다. 또한 그 중학생의 모습은 우리 오빠들의 모습이기도 합니다. 그리고 그 지친 모습은 가난을 유물로 이어받은 농촌 사람들의 도약을 위한 예외 없는 통과의례 같은 역경이기도 했습니다.

그러한 고난을 겪었다고 다 성공하는 것은 아니지요.

선생님은 분명 인생에 성공하신 분으로 판단됩니다.

선생님의 작품들을 통해 알 수 있듯이 전문분야에서 입지를 확고히 다지신 분으로, 또한 뚜렷한 신념과 사명의식으로 사회에 공헌하고 있음을 충분히 짐작케 합니다.

저는 문학에 관하여, 수필에 관하여, 이렇다 할 이론을 정립시키지 못했지만 선생님 작품은 감상주의 미사여구로 위장되지 않아서 참 좋습니다. 또한 막연하고 추상적인 소재를 멀리하고 현실적인 문제를 글 소재로 다룬 점도 제가 본받아야 할 점으로 꼽습니다.

아무튼 선생님 작품집은 두고두고 제게 인생공부와 창작생활에 많은 도움이 될 것입니다.

선생님 고맙습니다. 그리고 선생님도 그렇지만 특히 어머님께 고개 숙여 경의를 표합니다.

선생님 가정에 행복이 가득하시길 기원합니다.

1996. 1.

박 진 욱 올림

서승연 선생님께

임진년 새해, 선생님 건강하시옵고 가정에 축복이 있으시기를 기원합니다.

수필집 『바람이 머문 자리』 잘 읽었습니다.

너무나 겸손한 자세로, 자신을 낮추며 인생과 자연을 아름답게 바라보고 지난날의 삶을 반추하며, 남은 생을 충실하게 이끌어 가시는 선생님. 인생의 열매가 튼실하리라 사료됩니다.

감사를 드립니다.

2012. 1. 30.

대구에서 **이 진 술** 드림

이진술 선생님께

이 선생님의 『흙 속의 솔바람 소리』 잘 보고 있습니다.

고향이 달성이라 글 속의 자연이 내 고향인 듯합니다. 전 구미에서 태어나 지금껏 세상을 흘러 다니고 있습니다. 부모님이 살았던 고향, 그러나 지금은 뿌리조차 없이 잊었습니다. 그러기에 선생님의 글에서 어린 날의 그리움이 밀려옵니다.

세상 속에 살면서 다양한 삶의 경험을 담담하게 풀어 조근조근 알려주는 지혜의 책입니다. 또한 세상을 바르게 살아오신 것이 눈에 보이는 듯합니다.

「필공산」을 읽다보니, 젊은 날 자주 오르내리며 기도하던 생각이 납니다. 이제는 무릎이 좋지 않아 좋아하던 산을 오르지 못하니 마치 전생의 일인 듯 아득합니다. 어느 글 하나 낯설지 않고 마치 내 이야긴 듯 우리 이야긴 듯하네요.

아직 다 읽지는 못했지만 아주 가까이에 있는 친지 같은 책입니다. 어렵게 글을 쓰고 책을 내셨으니 많이 행복하시고 그 힘으로 또 좋은 글 많이 쓰세요. 감사합니다.

2012. 7. 13.

서 승 연 드림

서양순 교장선생님께

녹음방초 우거진 6월도 며칠 남지 않았습니다.

서 교장선생님 그동안 안녕하셨습니까?

선생님의 작품집 『점수 인생』 잘 읽었습니다.

님은 어릴 때부터 향학열, 굽힐 줄 모르는 끈기와 의지력을 가졌고, 건강증진을 위해서도 남다른 노력을 하셨습니다. 천주교 신자로서 본분을 다하시고, 묵상의 생활, 긍정적인 삶, 훌륭한 대인관계, 즐거운 마음 갖기 등 완벽하게 세상을 살아가고 계십니다. 사모님의 효행상패, 3남1녀 자녀교육의 성공 등 남부러울 것이 없으십니다.

금년 8월에 정년퇴임하신다니 이제 홀가분한 마음으로 여생을 건강하고 보람되게 보내시기 바랍니다.

저도 가톨릭 신자입니다. 정이 갑니다. 훌륭한 수필집 출간을 진심으로 축하드립니다.

선생님의 앞날에 주님의 가호가 있기를 기원합니다.

감사합니다. 안녕히 계십시오.

1999. 6. 28.

대구에서 **이 진 술** 드림

송복련 선생님께

송 선생님 그간 안녕하셨습니까?

선생님의 수필집 『둥둥 우렁이 껍데기 떠내려가다』 잘 읽었습니다.

선생님은 고향 대구를 배경으로 살아오신 삶의 이야기를 실감나고 정확한 어휘로 전달해 독자들에게 많은 공감을 주리라 생각합니다.

대구를 중심으로 펼치는 이야기는 따스한 감을 줍니다.

항상 건강하시옵고 가정의 평화를 기원합니다.

감사합니다.

2012. 12. 3.

대구에서 **이 진 술** 드림

송여 선생님께

송여 유 선생님 그동안 안녕하셨습니까?

『그 해 여름바다의 기억』 잘 읽었습니다.

밝고 깨끗한 성품을 그대로 표현한 선생님의 시는, 읽고 나니 저의 마음까지 깨끗하게 만들어줍니다.

모교 황남초등학교를 배경으로 한 경주에서의 삶도 실감나게 읽었습니다.

같은 가톨릭문학회원으로서 유 선생님의 시집 출간을 진심으로 축하드립니다.

항상 건강하시옵고 주님의 영광이 함께 하시기를 기원합니다.

안녕히 계십시오.

2000. 3. 27.

이 진 술 드림

송일호 회장님께

새해 임진년, 송 회장님의 건강과 가정에 축복이 있으시기를 기원합니다.

『대구수필』 30호, 잘 읽었습니다.

대구수필의 발자취, 특집으로 꾸민 '대구수필과 나' 등 대구수필을 잘 표현한 수필집이었습니다.

특히 회장님의 작품 「웃어야 하나? 울어야 하나?」「석학들의 만남」 등은 감명 깊게 잘 읽었습니다.

감사를 드립니다.

2012. 1. 30.

이 진 술 드림

신현태 선생님께

희망찬 새해 신 선생님의 가정에 평화와 행복이 깃들기를 기원합니다.

신 선생님의 수필집 『침묵의 언어』를 잘 읽었습니다.

정, 사랑, 우정 등을 소중히 생각하시고 언제나 성실한 삶을 추구하면서 교사의 임무에 충실하신 분입니다. 특히 작품 중 「살구꽃 피는 마을」 「만남」 「어머니, 나의 어머니」 「나의 고교시절」 등을 감명 깊게 읽었습니다.

지난해는 대구수필문학상을 수상하셨다는 소식도 들었습니다.

축하드립니다.

항상 건강하시옵고, 문운이 함께하시기를 바랍니다.

2001. 1. 1.

이 진 술 드림

이진술 선생님께

안녕하신지요?

성광고등학교 신현태입니다.

먼저 두 번째 수필집 『흙 속의 솔바람 소리』 출간을 진심으로 축하를 합니다.

첫 번째 수필집 『바람처럼 구름처럼』도 제 책상머리에 꽂혀 있습니다. 다시 한 번 꺼내보는 계기가 되었습니다.

대부분의 수필이 그러하듯, 저는 그때 그 책을 읽으면서 선생님의 자서전을 읽은 것 같은 느낌을 받았습니다. 힘들고 어려운 시절을 겪으면서 공부하시고 공직생활을 시작하여 퇴임식까지의 삶이 그대로 책 속에 녹아있었다는 기억이 생생합니다.

이번 책에서도 어떤 감동을 받을지 기대가 큽니다.

이 부족한 저에게 귀한 책을 보내주신 것 감사하고요, 잘 읽고 큰 보람으로 생각합니다.

건강하시고 문운이 함께 하시기를 기도드리겠습니다.

2012. 8.

신 현 태 올림

안동원 님께

안 소장님, 같은 수의사로서 문학의 길을 걷고 있음을 자랑스럽게 생각합니다.

시집 『감꽃 필 무렵』의 출간을 진심으로 축하드립니다.

「목련」「고향」「사랑」 등의 시를 읽으면서 안 시인의 외향에서 풍기는 활동적인 면과는 달리 따뜻하고 소박한 마음을 읽을 수 있어 즐거웠습니다.

가축위생 분야에 종사한 인연을 매우 소중하게 생각하고 있습니다. 수필을 쓰고 있는 사람으로서, 경상도의 투박한 인정과 의리를 누구보다도 사랑하고 있습니다.

늘 건강하시옵고, 문운이 함께하시기를 바랍니다.

2000. 7. 31.

대구에서 **이 진 술** 드림

우희정 선생님께

참으로 감동적인 글을 읽을 수 있어 기뻤습니다.

보통사람이라면 몇 번 좌절하고 넘어졌을 질풍의 늪을 용케도 잘 극복하시고 우희정이란 이름을 인간승리로 귀결 짓게 하셨습니다.

우 선생님의 글을 읽고 28세에 청상의 삶을 산 고향의 어머니를 떠올렸습니다. 초등학교 졸업에서 대학졸업 할 때까지 그 고난의 과정은 눈물겹도록 가슴을 따뜻하게 합니다.

고향이 경북 예천이라 하셨지요. 경상도 사람들은 '태산준령'이라고 했지요.

개인의 성취는 건강이 뒤따라야 가능합니다.

부디 건강에 유의하시고 가정의 평화를 기원합니다.

안녕히 계십시오.

1999. 4. 5.

이 진 술 드림

우희정 선생님께

우 선생님! 반갑습니다.

그동안 안녕하셨습니까?

그간 많은 세월이 흘렀습니다. 90년대 수필문학 등 단과 세미나 시에는 뵈었습니다만 지금은 제가 참석하지 않으니 뵈옵기가 어렵습니다.

늦었지만 결혼을 진심으로 축하를 드립니다.

또 수필집 『매화나무와 놀기』, 감명 깊게 잘 읽었습니다.

지고지순한 사랑을 함께 나눈 아름다운 연서를 읽었습니다. 97번째 부채를 받고 마침내 그분을 향해 마음을 열었다는 우 선생님, 이 시대의 시 영역을 이끌어 오신 성춘복 선생님. 참으로 하늘이 맺어준 복된 커플입니다.

우 선생님은 태생적으로 어려운 환경에서 오뚝이와 같이 힘차게 살아왔습니다. 홀로 단신으로 자유대한을 찾은 부친의 고독한 삶, 15년 무사고 운전수, 5중 충돌, 무적차량 사고수습 등 난관을 잘 극복하셨기에 오늘 우 선생님의 존재가치가 더욱 빛납니다.

'높이 우뚝 솟은 모양'을 뜻하는 '소소리 출판사'와 함께 사업번창하시고, 두 분의 사랑이 더욱 불타오르시기 바랍니다.

저와 같은 가톨릭 신자가 된 것도 축하를 드립니다.
변절기에 건강에 주의하십시오.
두 분의 앞날에 주님의 영광이 있기를 기원합니다.

2016. 9. 9.

대구에서 **이 진 술** 드림

원용수 회장님께

새해 임진년, 원용수 회장님의 건강과 가정에 축복이 있기를 기원합니다.

『달구벌수필』 7집 잘 받았습니다.

여러 회원님들의 작품 잘 읽었습니다.

원 회장님의 「효도의 맛」 「족보이야기」 등은 아무리 시대가 변해도 우리가 깨우치고 실천해야 할 덕목이라고 생각합니다.

책을 보내주셔서 감사합니다.

안녕히 계십시오.

2012. 1. 30.

이 진 술 드림

이석우 교장선생님께

지난 해 저에게 보내주신 관심과 사랑에 진심으로 감사를 드립니다.

새해 갑오년에도 많은 지도와 편달을 바랍니다.

항상 올곧은 성품으로 문학에 정진하시는 교장선생님의 모습은 문학을 공부하는 많은 후배들이 본받아야 할 줄 압니다.

새해에도 더욱 건강하시옵고 가정의 평화를 기원합니다.

안녕히 계십시오.

2014. 1.

이 진 술 드림

이수복 선생님께

이수복 선생님의 수필집 『별빛 따라 꿈길 찾아』 출간을 진심으로 축하드립니다.

글을 통해서, 통근 길에도 항상 책을 가까이 하고, 좋은 친우를 갖고, 글을 쓰는 이 선생님은 언제나 희망을 갖고 벅찬 일과를 수행하면서도 열심히 살아가는 참다운 생활인의 모습을 보여주셨기에 독자로 하여금 많은 공감을 얻으리라 생각합니다. 특히 「포도예찬」 「중년의 봄」 「별빛 따라 꿈길 찾아듦」을 감명 깊게 잘 읽었습니다.

감사합니다.

항상 건강하시고 가정의 평화와 문운이 함께 하시기를 바랍니다.

안녕히 계십시오.

2000. 6. 9.

이 진 술 드림

이진술 선생님

참 오랜만이에요.

변변찮은 졸저에 과분한 칭찬을 받았습니다.

감사합니다.

수필문학 시절이 이따금 그리울 때가 있습니다. 정겨웠던 분들이 뵙고 싶을 때도 많았습니다.

이 선생님, 안녕하신지요.

늘 넉넉한 웃음으로 잘 대해주셨던 정 잊지 않고 있습니다.

수필문학과도 거의 연락이 두절되어 선생님들 소식을 잘 모릅니다. 그래서 작품들을 읽을 수 없었습니다. 늘 좋은 작품을 쓰고 계신 것으로 믿고 있습니다.

선생님, 내내 건승하시옵고 댁내 기쁨이 늘 충만하시기를 기원합니다.

2003. 2. 27.

이 선 우 드림

이춘미 선생님께

밤새 안녕하셨습니까?

선생님의 수필집 『하얀 별』 잘 읽었습니다.

직업에 대한 강한 집념과 함께 일상사에 있어서도 빈틈없는 일처리 등의 면모를 엿볼 수 있었습니다. 풍부한 소양을 바탕으로 좋은 글을 발표하신 것을 진심으로 축하드립니다.

선생님의 작품은 지혜롭게 현명하게 딸을 키워나가는 참 모습을 보는 것 같았습니다. 「꽃 피는 꽃동네」「가슴으로 흐르는 강」「해후」「스승의 눈물」 등을 특히 감명 깊게 잘 읽었습니다.

저도 88,89년 안동군청 재직 시, 지금은 없어졌지만 가축시장이 있어 그곳에 자주 들렀습니다.

수필집 출간을 다시 한 번 축하드립니다.

안녕히 계십시오.

2002. 10. 25.

이 진 술 드림

이정선 선생님께

이 선생님 그간 안녕하셨습니까?

『광주여류수필』 제10집에서 「마림바 선율」 「레이스」 등 잘 읽었습니다.

옛정을 잊지 않고 좋은 책을 보내주신 이 선생님께 감사를 드립니다.

책을 읽고, 각종 행사에서 화사한 옷차림과 함께 늘 신선미를 풍기던 선생님이 생각납니다.

수필을 공부하였기에, 그 옛날 좋은 감정을 가진 것만으로도 소득이라고 생각합니다.

늘 건강하시옵고, 문운이 함께 하시기 바랍니다.

안녕히 계십시오.

2002. 6. 2.

대구에서 **이 진 술** 드림

이정선 님께

이정선 선생님의 수필집 『부딪히며 사랑하며』 잘 읽었습니다.

선생님의 작품에서 폭 넓은 언어구사력, 불교에 대한 깊은 조예, 먼저 가신 분에 대한 애절함 등이 주는 감동과 향기를 느낍니다.

어려운 여건 속에서도 3남매를 훌륭히 키운 선생님께 경의를 표합니다.

고향 장성에서 교육자 집안의 자녀로서, 학문을 갈고 닦아온 가문의 덕인가 봅니다.

다시 한 번 수필집 출간을 진심으로 축하드립니다.

항상 건강하시고, 가정에 평화가 깃들기를 기원합니다.

1998. 4. 21.

대구에서 **이 진 술** 드림

이진술 님께

인정이 넘치면서도 감칠맛 나는 글 잘 읽었습니다.
특히 자랑스러운 네 공주님과 사위분들 부럽습니다.
더욱 즐겁게 지내시길 문운과 함께 빌게요.

2012. 7. 8.

빛고을 **이 정 선** 드림

이정웅 님께

이 과장님, 그간 안녕하셨습니까?

『대구가 자랑스러운 12가지 이유』 출간을 진심으로 축하드립니다.

공무에 바쁜 몸임에도 불구하고 역사적 사실을 토대로 자랑스러운 대구에 대해 상세히 기록하여 대구를 널리 알릴 수 있는 좋은 책을 펴내셨으니, 이는 누구보다 대구를 사랑하는 이 과장님의 마음에서 우러나온 역작이라 생각합니다.

저도 곁에 두고 참고문헌으로 잘 활용하겠습니다.

비록 퇴직은 했지만, 대구시문우회 회원님들의 동정에 대해 많은 관심을 갖고 활동을 눈여겨봅니다.

항상 건강하시옵고, 가정에 평화가 깃들기를 기원합니다.

안녕히 계십시오.

2000. 7. 31.

이 진 술 드림

이주희 선생님께

삼복더위에 이주희 선생님 안녕하셨습니까?

선생님의 수필집 『쇠똥구리는 쇠똥구리로 살고』를 감명 깊게 잘 읽었습니다.

농촌에서 자란 저에게 옛것을 일깨워주는 훌륭한 작품이었습니다. 작품에 등장하는 고무신, 지게, 고추잠자리, 별똥 이야기, 종달새 등은 농촌에서 자란 사람이라면 누구나 그렇듯 저도 아름다운 추억담을 가지고 살아갑니다. 비록 대구에서 60년을 살고 있지만, 어릴 때 추억은 늘 새롭습니다. 옛것을 잘 표현하신 선생님의 글을 감동적입니다.

누구나 어려운 IMF시대에 훌륭한 수필집을 펴내신 선생님께 감사를 드립니다.

항상 건강하시옵고 가정에 평화가 깃들기를 기원합니다.

1998. 8. 5.

이 진 숙 드림

이철호 선생님께

이 선생님 그간 안녕하셨습니까?

소설을 지난 지금 초겨울의 기분이 납니다.

선생님의 저서 『낭송문학을 위한 길잡이』 잘 읽었습니다. 지금까지 낭송문학이라 하면 시낭송을 주로 생각했습니다. 낭송문학을 위한 해설, 낭송교육은 문자와 음성의 종합예술이란 말에 공감합니다. 대인공포증 극복 방법, 좋은 인상과 좋은 이미지로 낭송문학에 임해야 한다는 말씀, 낭송의 구사 방법과 기술 등에 대해 잘 알려주셔서 감사합니다. 특히 등줄기를 곧게 세우고 바른 자세로 서서 그때그때 필요한 제스처, 표정 등을 적절히 사용해가며 좋은 목소리로 낭송해야 한다는 말씀에 주목하며 읽었습니다. 저도 알고 있지만 실천을 못하고 있는 등줄기 곧게 세우기, 바른 자세, 허리 펴기의 습관을 꼭 실천하고자 합니다.

이 선생님, 매년 좋은 책을 보내주셔서 감사의 말씀을 전합니다.

선생님 안녕히 계십시오.

2004. 11. 25.

이 진 술 드림

장호병 선생님께

장 선생님 그동안 안녕하셨습니까?

훌륭한 수필집 『실키의 어느 하루』 잘 받고 읽었습니다.

감사를 드립니다.

대구문협의 발전을 위해 문협장 출마를 하셨으니 꼭 꿈을 성취하시기 바랍니다.

건투를 빕니다.

2011. 12. 10.

이 진 술 드림

존경하는 전상렬 선생님께

존경하는 선생님!

선생님의 13번째 시집 『아직도 나는』 잘 읽었습니다.

특히 「추념사 1~15」는 사모님을 먼저 보내고 애틋한 사랑과 고독을 시로 표현하신 작품으로, 독자들로 하여금 감동과 눈물을 자아내게 합니다.

제가 선생님께 많은 결례를 범했습니다.

이제야 용서를 빕니다.

선생님을 처음 만난 것은 1954년, 제가 경상중학교 1학년 때입니다. 당시 선생님은 저의 바로 옆 반인 1학년 6반의 담임 선생님이셨습니다. 처음엔 농업을 잠깐 가르치시다가 곧 바로 바뀌어 국어를 담당하셨는데, 제가 속한 문예반을 지도하셨습니다. 그때 선생님께서는 1950년에 시집 『피리소리』를 출간했지만 논 몇 마지기 값만 날렸다는 말씀을 하셨지요. 그 후 1955년 조선일보 신춘문예에 시로 당선되셨습니다. 선생님은 수업시간에 종종 시를 암송해 주셨습니다. 장 콕또의 내 귀는 소라껍질…… 등등

제 전공은 자연과학(수의사)이고 공무원으로 평생 근무하

면서 잦은 인사이동과 업무에 시달려 문학을 잊고 지냈습니다.

그러다 1992년 늦게 월간 수필문학으로 등단하여 글을 쓰게 되었습니다.

그간 문학행사 시 간혹 먼 눈빛으로 선생님을 바라보았습니다. 하지만 달려가 인사를 드리지 못했습니다. 왜 그랬는지……. 지금도 그것이 죄스러워서 부끄러운 마음 표현할 길이 없습니다.

이번 선생님의 시집을 읽고 이제야 사죄하는 마음으로 편지를 올립니다.

존경하는 선생님, 변절기에 건강에 유의하시옵고 만수무강하시옵기 바랍니다.

선생님 안녕히 계십시오.

1999. 11. 20.

제자 **이 진 술** 올림

전상준 선생님께

전상준 선생님 안녕하셨습니까?

훌륭한 수필집 발간을 축하드립니다.

솔직 담백하고, 성실한 삶을 살아오신 선생님의 글은 독자에게 감명을 주리라 생각합니다.

특히 「나는 정직한가」를 읽어보니, 정직한 삶을 살아오신 선생님의 인품이 돋보입니다.

항상 건강하시옵고 가정에 평화가 깃들기를 기원합니다.

감사합니다.

2013. 6.

이 진 술 드림

이진술 선생님께

이 선생님, 늘 전화나 모임에서만 뵙다가 이렇게 편지를 쓰는 것은 처음입니다.

이 선생님은 다정다감하신 좋은 성품을 가졌습니다.

사회생활을 오래하신 탓인지 처세술도 좋으시고 경조사나 기타 모든 일에서도 빠짐없이 성의를 다하시니 존경스럽습니다. 너무 좋으시니까 오빠처럼 격의 없이 대하는 저를 어여쁘게 보아주십시오.

선생님의 수필집을 잘 읽었습니다.

짧은 시간에 글도 많이 쓰시고 책도 내시고 각종 문학 모임에도 빠짐없이 참석하시는 열정에 경의를 표합니다.

선생님의 수필은 담담하고 수수한 '칡차'나 '율무차' 같은 좋은 수필이라 느꼈습니다. 인정이 있고 진솔하고 향수에 젖기도 하니 우리의 영혼을 씻어 주는 청량제 구실을 하는 것 같습니다. 때 묻은 우리의 영혼을 적셔주는 한 그릇의 맑은 물이랄까, 가물어 메마른 땅과 같은 무미건조한 우리의 마음 밭에 내리는 꿀맛 같은 시원한 단비라고나 할까, 그런 수필이라 느꼈습니다.

신변잡기나 잡문이 판을 치는 현실에서 좋은 글을 읽을 수 있어서 감사합니다.

선생님이 주신 귀중한 책 한 권은 저에게 큰 가르침이 되어 용기와 희망을 주었습니다.

베풀어주신 은혜에 감사드리며 올해도 온 가정에 큰 기쁨이 충만하기를 빕니다.

좋은 글 많이 쓰시고 안녕히 계십시오.

1996. 1. 23.

정 분 남 드림

정상규 님께

정 선생님 그동안 안녕하셨습니까?

교통사고로 인해 육체적 정신적 고통, 뒤처리 등 노고가 많았습니다.

그간 안부도 드리지 못했습니다.

정 선생님과 사모님께서 건강 회복하시고 완쾌하셨기를 기원합니다.

늘 주님의 가호 속에 평화와 영광이 있으시기를 바랍니다.

안녕히 계십시오.

2012. 9. 15.

이 진 술 드림

정주대 선생님께

정 선생님, 그간 안녕하셨어요?

2011년에 종말을 고하는 시간이 다가옵니다.

여러 가지 바쁜 일과 속에서도 잊지 않고 좋은 정보를 주셔서 감사를 드립니다.

밝아오는 2012년은 정 선생님께 가장 행복하고 즐거운 한 해가 되시기를 기원합니다.

감사합니다.

2011. 12. 30.

이 진 술 드림

정혜옥 선생님께

정 선생님 밤새 안녕하셨습니까?

『여류문학』 제8집 잘 읽었습니다.

책과 여류문인 회상기를 잘 읽었습니다. 특히 정 회장님의 「노천명 선생님과 나」를 잘 읽었습니다.

선생님께서는 일찍이 진주 개천예술제에서 시로 장원을 하시고, 오늘날까지 좋은 바탕 위에서 꾸준히 수필을 쓰고 계시니 독자들에게 더욱 감명을 주는 것 같습니다.

정 선생님의 작품 「우체국 앞을 지나며」도 잘 읽었습니다.

모든 면에 불비한 저에게 여류문학 출판기념회 초청장을 보내 주셔서 감사합니다. 사정이 있어 불참했습니다. 선생님의 넓은 아량으로 이해를 바랍니다.

낙엽 곱게 물드는 이 가을에 건강하옵기 바랍니다.

감사합니다.

1997. 11. 10.

이 진 술(도밍고) 드림

정혜옥 선생님께

정 선생님 그간 안녕하셨습니까?

정 선생님의 수필집 『돌미나리를 찾아서』 잘 읽었습니다.

선생님께서는 훌륭한 가정환경에서 형성된 훌륭한 인품과 뛰어난 문학적 소질 등이 조화를 이루어 작품을 접하는 모든 사람에게 더욱 친근감을 준다고 생각합니다.

소재를 생활 주변에서 쉽게 찾아내어 뛰어난 표현력으로 감동을 주는 선생님의 글 솜씨는 언제 읽어도 정감이 갑니다.

1999년 대구문학상을 수상한 것 진심으로 축하의 말씀을 드립니다.

선생님! 항상 건강하시옵고 늘 문운이 함께 하시기를 바랍니다.

안녕히 계십시오.

1999. 10. 28.

이 진 술(도밍고) 드림

十찬미예수

이진술 선생님께 드립니다

주의 평화가 함께 하시옵소서.

96년 새해를 맞아 축복받은 한해가 되시기를 빕니다.

지난해 제가 늦깎이로 수필문학에 추천 완료했을 때 축하 전보를 보내 주심에 이제야 감사의 인사를 드립니다.

발신은 대구인데 주소를 몰라 감사 인사를 드리지 못하였습니다.

오늘 선생님의 수필집 『바람처럼 구름처럼』을 받고 너무나 반가웠습니다.

축하드립니다.

수의사 선생님께서 아름다운 수필을 쓰시고 책까지 출간하셨음을 경축합니다. 같은 수필문학 가족이었음을 더욱 반갑게 여깁니다.

저는 수필문학사 수필선집 12호였습니다. 96년도에 책을 내고 아직 수필집을 다시 못 내고 있습니다. 제 생전에 한 권의 책을 더 세상에 내보낼까 하고 있습니다. 격려해주십시오.

선생님께서는 가톨릭신자이시니까 더욱 친하게 지내고 싶은 마음이 생깁니다. 더구나 저와 연세가 비슷한 어머니께서 계신다 하니 더욱 반갑습니다.

한 번 만나 뵙고 싶습니다.

대구의 수필가 정혜옥 씨의 모친과 저는 진주 일신여고 동창생이며 친구였습니다.

저의 친구 중에는 곽묘연 씨라는 시조시인도 있습니다. 을묘생 82세 동갑입니다. 우리는 여학교 시절 문학소녀였습니다.

그런데 저는 환경이 여의치 못하여 60이 넘어서 글을 쓰기 시작했답니다.

고맙습니다.

모친께 문안드려주십시오.

1996. 1. 5.

제 옥 례(루갈다)

十할렐루야

이진술 선생님께

움츠렸던 대지가 기지개를 활짝 켜고 새 생명을 받아 기쁨에 용약하는 때에 우리 주님의 부활 축일을 맞으시는 도밍고 선생님의 가정에 평화와 사랑이 함께 하시길 기도드리며 축하드립니다.

지난번 경산에서의 만남은 참으로 반가웁고 고마운 만남이었습니다.

늙으면 다시 어린애가 된다 하는데 이 못난 늙은이가 그 꼴이 되었습니다.

만나 뵙고 싶은 마음에 그냥 자가용으로 오시면 뵈올 수 있으리라는 저만의 생각으로 선생님께 전화를 드렸습니다. 오실 때도 고생하셨지만 돌아가실 때 모셔다 드리지 못하여 제 며느리가 죄 지은 심정이 되어 너무나 죄송하다고 연거푸 저에게 말했습니다. 우리아이는, 부도는 안 났지만 완구공장이 망하고 부동산을 처분하려 해도 뜻대로 되지 않고 공장에서 쓰던 아주 낡은 봉고차 한 대밖에 없어서 선생님을 뫼시지 못했답니다. 딸아이 결혼도 겨우 빚을 내어 치른 형편이라 모처럼 귀하신 어머니의 손님께 죄송할 뿐이라며 안타까워했습니다.

그런데 다 지난 잔치의 축의금까지 주셔서 몸 둘 바를 모르겠습니다. 고마우신 뜻을 가슴에 새기고 기도 중에 잊지 않겠습니다.

더욱 건강하시고 좋은 글 많이 쓰시옵길 기도하며, 죄송하고 고마운 뜻을 늦게나마 이렇게 전합니다.

1997 부활축일

제 옥 례(루갈다) 드림

十찬미 예수님

이진술 선생님께

성탄을 앞두고, 오실 구세주를 다시 기다리면서 미리 성탄을 축하드립니다.

지난해 베풀어 주신 은혜 감사드립니다.

그리고 고마우신 글을 보내주셔서 참으로 반가웠습니다.

나이 늙어 의욕도 없어지고 기도 죽고 글을 쓰고 싶어도 제대로 잘 되지 않습니다. 80이 넘고 보니 나이는 참으로 속이지 않는 것 같습니다. 더 늙기 전에 좋은 글 많이 쓰시옵소서.

저는 어려운 세파에 시달리면서 늦깎이로 글을 쓰게 된 까닭으로 수필을 수필답게 쓰지 못하면서도 수필가로 인정받고 있으니 가소롭기 짝이 없습니다.

작년 5월에 손녀 결혼식 때 경산에서 선생님을 뵙고 축의금까지 받고 보니 너무나 송구스러웠습니다. 그 손녀는 아들을 낳아 6개월 지났습니다. 손서는 지난 8월에 서울대에서 국문학 박사학위를 받았습니다.

하느님의 크신 은혜에 감사 올리며 생각해 주시는 모든 이에게 고마우신 뜻을 기도로써 갚고 있습니다.

지난 11월 22일 대구 욱수성당에서 큰 손자가 혼배예식을 올렸습니다. 규수는 이 젬마입니다. 기도 중에 잊지 말아 주시옵소서.

저희 아들은 통영에서 큰 뜻을 품고 대구로 올라왔으나 집을 몇 채나 날리고 지금은 IMF 때문에 곤경에 빠져 있습니다만 그 와중에도 아이들을 결혼시킬 수 있었으니 보이지 않는 하느님, 우리에게 좋게만 하시는 그 분, 십자가의 선물, 기꺼이 져야할 책임과 사랑을, 더욱 깨닫게 해줍니다.

선생님 고맙습니다.

연간 수필선집에 실린 선생님의 글, 수필문학 회원수필집에 실린 글도 잘 읽었습니다.

멀기 때문에 문학 행사에 참여치 못함을 애달프게 여깁니다. 대구에서 열리게 되면 꼭 참석하리라 다짐합니다.

99년 새해는 더욱더 좋은 해가 되십시오.

댁내 강령과 평화, 하시는 일이 잘 이루어지시기를 기원합니다.

감사합니다.

1998. 12. 11.

제 옥 례(루갈다)

수필
내가 만난 제옥례 선생님

통영을 떠올리면 늘 제옥례 선생님이 생각난다.

지금까지 살아계시는지, 그토록 독자의 심금을 울려 주던 수필을 지금도 쓰고 계시는지 궁금하다. 살아 계셔도 100세에 가까울 텐데 어떻게 지내시는지 마음으로 그려보기도 했다. 20여 년 끊겨진 세월이지만 잊을 수가 없다.

제 선생님을 잊지 못하는 것은, 내 어머니와 동년배이시면서 어머니께서 갑자기 하늘의 부름을 받았을 때 가장 위로를 많이 해주신 가톨릭신자이기 때문이다.

한해가 저물어가는 11월 13일 가톨릭신문에 실린 '헌신적 봉사의 삶을 산 97세의 제옥례 할머니'란 기사를 보고 지금까지 살아계셨다는 사실 하나만으로 뛸 듯이 반가웠고 당장 만나러 달려가고 싶었다. 평소 나와 뜻을 같이하는 K도 제 선생님께 신앙심과 문학이야기를 듣고 싶어 했다.

이튿 뒤, K와 함께 서부정류장에서 9시30분 통영 행 버스에 몸을 실었다. 아름다운 통영 앞바다의 풍광과 함께 제 선생님의 모습이 떠올랐다.

1935년 경성사범대를 졸업한 엘리트 여성, 수녀원에 입회

하고 초등학교 교사로서 식민지 조국의 농촌을 일깨우기 위해 봉사의 삶을 살아온 분이다.

수녀원에서 건강이 악화되어 고향 통영으로 내려갔다.

통영에서 당시 '하동집'으로 불리던 한 부인을 위해 함께 기도를 바쳤는데, 그 부인은 죽음을 앞두고 8남매의 새어머니를 구해달라는 유언을 남기고 세상을 떴다.

대구 마산 등 백방으로 알아보았으나 아무도 새어머니로 나서는 이가 없었다고 한다.

그녀는 스스로 젖먹이를 포함한 어린 8남매의 어머니가 되기로 결심했다. 그녀의 나이 30세 때였다. 이를 결심하는 과정에서 노기남 대주교와 고성성당 최민순 신부는 "수녀로 사는 것보다 어머니로 사는 것이 더 의미가 있을 수 있다."며 8남매의 어머니가 될 것을 권했다고 한다.

제 선생님은 그렇게 수녀원 생활과 교사로서의 삶을 뒤로 하고 '하동집' 안주인이 되었다. 결혼 후 선생님이 2명의 자녀를 더 낳아 자녀가 10명이 되었다. 선생님은 그 10명의 자녀를 모두 훌륭히 키워낸 우리 시대의 위대한 어머니다.

우리 문학사에 이름을 남긴 유치환, 김상옥, 김춘수, 화가 전혁림, 음악가 윤이상 등이 호주 선교사와 함께 넓은 '하동집' 사랑채에 모여 통영의 문화와 예술의 꽃을 피웠다. 제 선생님은 당시 소년소녀회에 가입해서 청마 유치환에게 동시 쓰는 법을 지도받아 상을 받기도 했다. 제 선생님은 어릴 때부터 문학소녀로 상록수의 채영신을 동경했다고 한다.

소설가 박경리 선생은 생전에, 그의 대하소설 『토지』에 이 '하동집'과 같은 구조가 등장하는 것도 어린 시절 향수에서 오는 것일지 모르겠다고 말했다. 이 연인으로 제옥례 선생이 박경리 선생을 찾아 원주로 갔을 때, 『토지』를 집필 중임에도 통영굴젓을 올린 따뜻한 밥상을 마주하고 앉아 담소를 즐겼다고 회고했다.

제옥례 선생님은 조선시대 삼도수군을 총괄한 통제사에게 올리던 전통음식을 발굴 재현하셨고, 통영의 음식문화를 최초로 체계적으로 기록화 한 분이다. 또한 2005년 할머니봉사회에 쌈짓돈 1천만 원을 거북선건조시민헌금으로 헌납하신 분이기도 하다.

통영에 도착한 우린 선생님의 주소를 갖고 있지 않았지만 대건성당을 찾아 쉽게 거처를 알 수 있었다. 봉평동 12평의 낡은 주공아파트에서 홀로 사셨다. 슬하에 훌륭한 자녀도 많지만 자녀들에게 폐를 끼칠까 염려되어 홀로를 고집하신다고 했다.

처음에는 나를 기억하지 못하여 약간 서운하기도 했지만, 지난 일을 이야기 했더니 곧 노년이 기억하시고 반갑게 맞아 주셨다.

식사는 무료급식소에서 매일 배달해 주신다고 했다. 벽에는 김수환 추기경님의 영정이 걸려있고, 성경책, 성가집 등 가톨릭 관계 서적이 좁은 방안에 수북이 쌓여 있었다. 주님께 기도를 드리고 있었다. 백세 노인 같지 않았다. 눈빛도 밝고, 청력도 건강하여 일상생활에 불편 없이 지낸다고 하셨다. 다만 다리가 온전하지 못하여 콜택시로 1주일에 2번 성당에 가면서 영적생활을 하고 계셨다. 불편한 몸을 이끌고 성당의 제대 앞에서 기도생활을 한 덕분으로 신부님이 붙여준 '성당 장돌뱅이'란 별명을 들으며 언제나 성당을 위해 활동하신다고 했다. 마산교구 내 성령기도의 대모라 불리고 있단다. 성령쇄신기도에도 적극적이다. 아직 문학 활동도 하고 있다면서, 얼마 전 『은총의 열매』란 작품집을 내기도 했다니 놀라울 뿐이었다.

이번 제 선생님 댁 방문은 참으로 보람이 있다. 잘 왔다는 생각뿐이다.

일생을 한 알의 밀알이 되어 불쌍한 이웃을 위해 가진 것을 나누는 제옥례 선생님. "내가 죽으면 10원 짜리 하나까지 모두 성당에 봉헌하라."는 유언을 남겨놓고 있다. 선생님은 참 가톨릭의 신앙생활로 봉사의 삶으로 모든 사람들의 존경과 사랑을 듬뿍 받고 있었다.

그동안 『겨울 나그네』 『한 알의 밀알이 되어』 『은총의 열매』 등 총 3권의 작품집은 내셨다.

한국문인협회 통영지부장, 한국문화예술단체 통영지부장을 역임했고, 교황청 십자훈장 수상, 한국예총 예술문화상 수상 등이 그간 선생님의 활동상을 대변해 주었다.

통영 문화예술의 산 증인인 97세의 제옥례 선생님을 찾아

뻡고 기쁨에 찬 K와 나는 수필집 『은총의 열매』를 받아들고 떨어지지 않는 발길을 대구로 옮겼다.

제 선생님의 만수무강을 빌면서…….

2012. 9.

이 진 술 씀

제옥례(루갈다) 선생님께

그토록 지겹고 춥던 겨울은 가고 새싹이 돋아나는 새봄을 맞이했습니다.

선생님 그동안 안녕하셨습니까?

오랫동안 안부를 전하지 못하여 죄송한 마음 금할 길 없습니다.

고향을 지키는 노송처럼, 모든 것을 남을 위해 주고 오직 신앙인의 참 모습만으로 살아가시는 제 선생님!

일찍 채근담의 참 뜻을 깨닫고 실천하시는 선생님, 선생님의 삶은 오늘날까지 100세를 살아오시는 동안 남기신 발자국은 주님의 희생이요 봉사의 길 그 자체였습니다.

건강 잘 챙겨 행복한 삶을 누리시기를 바랍니다.

안녕히 계십시오.

2014. 4. 6.

대구에서 **이 진 술**(도밍고) 드림

제옥례 선생님께

제 선생님!

그동안 별고 없으신지요?

늘 건강하며 주님의 은총 속에서 하루하루를 즐겁게 보내시기를 바랍니다.

지난 추석 때 선생님께 큰 죄를 지은 듯합니다. 대구에 오신 선생님을 뵈옵지 못하고 그냥 보낸 것이 두고두고 후회됩니다. 시간이 날 때 한 번 찾아 뵈옵겠습니다.

부디 건강하셔서 여생을 편안한 모습으로 보내시기를 바랍니다.

안녕히 계십시오.

2014. 1.

이 진 술(도밍고)드림

제옥례 선생님께

제 선생님 그간 안녕하셨습니까?

수필동인지에 실린 선생님의 글 「아버지께 드리는 글」을 잘 읽었습니다. 어릴 때부터 아버님의 극진한 사랑 속에서 참교육을 받으며 살아오신 선생님은 아버지의 뜻을 받들어 험난한 인생길을 참되게 살아오셨습니다. 불우한 이웃들에게 사랑의 손길을 보내는 사회복지의 길을 걸으셨습니다. 지하에 계신 아버님께서도 크게 기뻐하실 것입니다.

금년 6월9일 국가발전에 이바지한 공로로, 여성의 복지 공로자로서 국민표창증과 훈장을 받으셨다니 늦게나마 진심으로 축하를 드립니다.

얼마 전 집으로 전화 하셨더라는 말씀을 들었습니다만 즉시 연락을 못해 죄송합니다.

저는 99년 말까지 공무원 공로연수기간입니다. 사무실에는 출근하지 않고 집에서 쉬면서 퇴직하고 2000년부터 할 일을 생각하고 있습니다.

추운 날씨에 선생님 건강에 유의하시고, 가정에도 평화가 깃들기를 바랍니다.

1998. 12. 6.

이 진 술 드림

조선희 선생님께

신록의 계절 5월입니다.

조선희 선생님 그간 안녕하셨습니까?

『아버지의 연인』 수필집 잘 읽었습니다.

사랑과 정으로 좋은 분과 교분하시는 조 선생님의 일상이 부럽습니다.

집에다 직접 출판사를 차리고 본격적으로 작품을 쓰시니 좋겠습니다.

글을 통해서 이곳의 청도 운문사, 해인사에도 다녀가신 것을 알았습니다. 바람처럼 오셔서 바람처럼 가셨나 봅니다.

시집, 수필집을 내신 조 선생님은 존경받는 문학인으로 더욱 빛을 발하시기를 기원합니다.

항상 건강하시옵고 문운이 함께 하시기를 바랍니다.

안녕히 계십시오.

2000년 5월 9일

대구에서 **이 진 술** 드림

조연희 선생님께

조 선생님의 세 번째 수필집 『새로운 날들의 시작』을 감명 깊게 잘 읽었습니다.

선생님은 한심한 여자로 자신을 겸손하게 낮추시지만, 선생님의 작품은 동시대를 살아온 저에게 많은 것을 느끼게 합니다. 솔직하고 따뜻한 마음으로 엮은 이 수필집은 사람들의 가슴을 훈훈하게 달아오르게 할 것입니다. 특히 「아버지의 눈물」 「한심한 여자」 「하느님의 몽당연필」 등은 많은 것을 생각나게 하는 작품입니다.

조 선생님은 연세대학교의 교정의 풀 한 포기, 나무 한 그루까지도 누구보다 사랑하고, 학창시절의 추억을 소중하게 간직하고 계십니다.

선생님의 문학의 꽃이 더욱 활짝 피어나기를 빕니다.

항상 건강하시옵고, 가정에 평화가 함께하시길 기원합니다.

안녕히 계십시오.

1999. 2. 20.

이 진 술 드림

허길연 선생님께

2월로 접어들었습니다. 곧 입춘이군요. 만물의 소생을 기다려봅니다.

훌륭한 소설가가 되겠다는 선생님의 소망은 노력 여하에 따라 기회가 의외로 빨리 올 수도 있습니다.

저도 수필을 쓰다가 소설을 쓰고 싶어 대구 반월소설학교 제4기(97. 8~ 99. 8. 13)를 수료했습니다. 그 당시 공직에 몸을 두고 있었기에 마음뿐이었고 많은 시간을 요하는 소설가의 꿈은 끝내 이루지 못했습니다. 금년에도 반월소설학교 제7기생 모집하여 3월18일(토)에 개교한답니다. 소설학교엔 입학하기 위해서는 원고지 20장 정도의 틀을 미리 써서 예비심사를 받는다고 합니다. 이 소설학교에는 훌륭한 소설가가 많이 계시니 많은 도움이 되리라 생각합니다. 이곳에는 신춘문예를 준비하는 분도 있으니 같이 공부하시면 도움을 받을 것입니다.

허 선생님, 문학을 하면 가정생활에도 더욱 충실해야 합니다. 특히 자녀교육에 관심을 가져야 합니다. 엄마로서 자기 책상을 갖고 공부하는 모습을 자녀에게 보여주는 것은 좋지만, 엄마가 문학 공부한다고 자녀교육을 소홀히 한다면 얻는 것보다 잃는 것이 더 많습니다. 문학을 하려면 어느 정도 가족의 협조가 필요합니다. 특히 부군의 이해와 협조가 필요합니다. 각종 문화강좌, 문학단체 모임, 동인들과의 만남 등 시간과 돈이 필요합니다.

군은 결심만 있다면 길은 열립니다. 끈기 있게 정진하십시오. 그리고 공부하십시오.

안녕히 계십시오.

2000년 2월 1일

이 진 술 드림

허길연 선생님께

허 선생님의 편지 잘 받았습니다.

2000년 새해가 허 선생님께 가장 보람찬 한해가 되시기를 바랍니다.

저는 글을 쓰고 있지만 감히 문학을 하고 있다 말할 수 있는 작가는 아닙니다. 그냥 글을 좋아해서 간혹 작품을 발표하기는 하지만 초보 운전자와 같습니다.

우갑순 선생님과는 대구향교에서 논어를 1년 이상 같이 공부를 했습니다.

좋은 글을 쓰기 위해서는 다독, 다작, 다상량 즉 책을 많이 읽고, 많이 써보고, 많이 생각해야 합니다. 일반적으로 책을 좋아하는 사람의 50%이상은 글을 잘 쓸 수 있다고 합니다.

모든 일이 그렇듯이 열정만 있으면 반드시 좋은 글을 쓸 수 있습니다. 국문학을 전공하셨고, 졸업하기 힘든 방송통신대학을 졸업했으니 자격은 충분히 갖추었습니다. 노력만 하면 됩니다.

저도 늦게 글을 쓰게 되었습니다. 문학사에 다섯 번 이상 투고를 해도 소식이 없어 실망도 많이 했습니다. 그래서 스스로 글 쓸 재목이 아니라고 낙심도 했습니다.

선생님은 글을 쓰고 싶다는 욕망이 누구보다도 강하므로 정말로 훌륭한 글을 쓸 수 있습니다. 일상생활 중 감동을 받거나 진하게 느낀 점 등을 기록으로 남기시고, 쓴 글 중 좋다고 느껴지는 글을 골라 잡지사에 보내십시오. 열 번을 보내서 낙선을 하더라고 포기하지 않고 계속 쓸 용기를 가지신다면 틀림없이 훌륭한 작가가 될 수 있습니다.

작품을 쓰는 일은 겉으로는 화려한 것 같지만, 글 쓰는 일 때문에 스트레스를 받기도 합니다. 글을 쓴다고 모두가 진실하고 선하지도 않지만, 그래도 일반 사회인보다는 정직하고 진실한 사람이 많다고 생각합니다.

이웃에 좋은 글벗을 만나 교분하고 서로가 격려한다면 인생을 즐겁게 사는 방법이 되기도 합니다.

항상 좋은 책을 많이 읽고 많이 습작을 하십시오. 작가는 선천적으로 태어나는 것이 아니고 노력에 의해 탄생되는 것입니다. 글쓰기에 두려움이 있다면 서울대 박동규 교수가 쓴 『글쓰기를 두려워 말라』를 읽으십시오.

작가를 꿈꾸는 허 선생님의 앞길에 문운이 함께 하시기를 기원합니다.

안녕히 계십시오.

2000. 1. 15.

이 진 술 드림

이진술 선생님께

안녕하십니까?

저는 후일에라도 글쓰기를 바라는 주부입니다.

처녀 적부터 마치 한 마리 학처럼 단아한 성품과 모습을 지닌 우갑순 선배를 좋아한 후배이기도 합니다. 예전에 우 선배 조부님의 문집을 욕심내었는데 어느 날 문집과 함께 선생님의 수필집도 같이 읽어보라면서 전해주더군요. 전혀 모르는 분의 글보다는 조금이라도 작가에 대해서 알고 읽으니까 더 정겹고 좋았습니다.

선생님의 글을 읽어보니 선생님의 어머니는 참으로 행복한 분이구나 싶었습니다. 사랑하는 아들이 이렇게도 어머니를 자랑스럽게 현창하시니 더 이상 뭐가 있겠어요.

제가 글이 너무나 쓰고 싶을 때가 두 번 있었죠. 누우면 5분 만에 잠이 드는 제가 양귀자 씨의 소설을 읽고, 저도 글 쓰고 싶다는 열정이 온몸으로 치고 내달아 잠을 이룰 수 없었던 적이 있었습니다.

열정과 정열 그리고 남다른 정으로 많은 분들의 가슴에 새겨진 짧은 생애를 살다간 제 큰언니와, 어느 날 갑자기 초라하고 작게만 느껴졌던 한 많은 생애를 살아오신 어머니에 대해 너무나 죄송하고 불쌍하고 크게 느껴질 때는, 어느 누가 읽어주지 않아도 두 분의 인생을 글로 남기고 싶었습니다.

정말로 글이 쓰고 싶어서 방송대 국문학과에 입학하여 졸업은 하였으나 어쩐지 제 부족한 점만 더 많이 발견한 것 같아져서 글쓰기와는 더 멀어진 느낌입니다. 훌륭한 사회인 아니 유명인이고 되고 싶다는 게 더 정확하죠. 그랬다면 많은 분들을 현장해드릴 수 있었을 텐데 그럴 수 없어서 너무 화가 나요.

중학교 동창 중에 지금은 누구나 다 아는 국회의원이 있어요. 해바라기처럼 모교에서는 학교를 빛낸 선배로 항싱 그 친구를 내세우는데 그녀의 글 어디에도 어느 중학교, 어느 선생님이 참 고맙고 감사하다는 말을 본 적이 없어요. 그냥 중학교 때 가난해서 어려웠다나요. 저와 한반도 되었는데, 얼마나 훌륭한 선생님이 많으셨는데 그럴 수가 있을까 싶어서 그녀가 밉고 그 친구가 소속된 정당이 싫어졌어요. 너무 심했나요?

그런 점에서 선생님은 고맙고도 대단하신 분입니다. 글 켠켠이 감사와 그리움이 배어 있으니까요.

전에는 꽃으로 비유하면 한 송이 흰 수선화 같더니 지금은 흰 목련꽃 같은 분위기를 지닌 우 선배를 저는 좋아해요. 학자 집안인 탓인지 굉장한 열의와 정열로 공부에 몰두해 가는 우 선배가 약이 바짝바짝 오를 정도로 부럽고 좋아 보입니다.

마음도 몸도 단아한 좋은 선배를 알고 지내는 인연으로 선생님의 책을 대할 수 있어서 감사드립니다.

그런데 책을 좋아하는 사람으로서 저는 책 뒤편에 '인지생략'이라는 것을 제일 싫어해요. 작가로서 너무 성의가 없는 것 같아서요. 물론 여러 가지 사정이 있으리라 생각되지만……. 그런데 선생님의 책에는 그런 것조차 없어서 서운했답니다. 인지가 붙어 있는 책을 사는 날은 이유 없이 기분이 굉장히 좋아져요.

책을 읽고 감사의 마음에서 부족하지만 몇 자 써 보았습니다.

21C는 생명의 세기, 창가의 세기라고 제가 존경하는 분이 예측하시더군요.

새로운 천년을 살아갈 수 있는 복운에 감사드리면서, 더더욱 선생님의 건강과 문학에의 정진을 기원 드립니다.

새해 복 많이 받으십시오.

단기 4333년 1월 4일 불의 날에

두류동의 독자 **허 길 연** 드림

이진술 선생님께

보내주신 두 권의 책과 서신, 너무나 감사합니다.

답해주시리라 생각도 못했는데 감격했습니다. 격려의 말씀도 고맙고요.

방통대에 입학하여 처음으로 출석수업이 있던 날 자신의 소개와 더불어 입학동기를 이야기한 기억이 납니다. 위대한 예술가, 문학인 인물들은 당대에 이루어질 수 있는 것이 아니라 생사를 거듭하며 축적되어 있다가 어느 때 표면으로 나타나야 되는 것이라 듣고 있습니다. 저는 훌륭한 소설가가 되고 싶습니다. 지금은 너무나 미약하지만 많이 배우고 읽고 느끼고 싶어 방통대 국문학과에 입학하였습니다. 현세가 아닌 내세에서라도 이루고 싶은 꿈을 위해 지금은 무엇이든 배우고 싶다고 이야기했어요.

그땐 국문학을 배우기만 하면 뭔가를 이룰 것 같아서 작문시간이 되면 부끄러움도 모르고 발표도 하곤 했답니다.

그런데 시간이 지날수록 꿈은 뒷전이고 학점 따기에 급급하였고 그저 졸업이라는 그 자체에 의미를 두었답니다. 배우면 배울수록 문학과는 거리가 멀어져 버리고 수업시간에 이문열 선생님의 글을 쓰기 위한 치열한 수련(?) 내용을 들을라치면 두려움조차 느꼈지요. 그래서 소설가는 지금도 저의 꿈이랍니다.

미래세 어느 별 어느 곳에 태어날지는 알 수 없으나 '나'라는 영원히 변치 않는 생명을 믿기에 또 다른 모습의 '나'의 DNA를 위해 지금은 더 많이 보고 읽고 느끼고 싶어요.

때로는 몇 번을 읽어도 이해하지 못하는 내용이라도 지금의 나는 몰라도 내 생명은 알거야 라며 마치 입력하는 기분으로도 읽을 때가 있어요.

선생님의 성실함, 용기, 다정다감함 등 여러 부분에서 독자의 입장에서 많은 감화를 받습니다. 제가 말한 부분들이 어쩌면 선생님께선 이해하기 어려운 부분이 아닐까 싶어요.

선생님께선 독실한 크리스천, 저는 인관이법 윤회를 의심치 않는 SGI회원. 종교는 근본의 가르침 사상이라 배웠어요. 그 사상 위에 경제, 정치, 문학, 예술 등이 꽃핀다고 본다면 제 글들이 선생님께 이상하게 비춰졌을까요?

저는 이렇게 글을 쓰기 시작하면 마구 길어져버리는 게 단점입니다. 짧게짧게 라고 주문을 외우다시피 해도 결과는 마냥 이래요.

『산문과 시학』 문집을 보니까 절로 무게가 느껴집니다. 연륜, 사회적 성륜 등에서도 그렇고요. 한편으로는 용기도 나고요. 아직은 시작도 못해볼 만큼 늦지는 않았다는 억지위로(?)를 해봅니다.

보잘 것 없는 저에게 보내주신 책과 더없는 용기와 격려의 글월 다시 한 번 감사드립니다.

소포를 받고는 제일 먼저 우 선배에게 전화해서 자랑을 했답니다.

선생님의 귀중한 시간 너무 많이 빼앗지는 않았을까 염려되어서 두서없는 글을 줄이고자 합니다.

생생세세 건강하시고 행복하시길 기원 드립니다.

선생님의 다음 작품집 읽어볼 날을 손꼽아 기다립니다.

안녕히 계십시오.

2000년 1월 17일

달의 날에 **허 길 연** 올림

추신: 선생님 답장 안 해주셔도 좋습니다. 우 선배 말처럼 '참 좋은 분'이라서 답장 쓰시느라 선생님의 귀중한 시간 축낼까봐 염려됩니다. 선생님께 드리는 제 답장이 늦은 것은 우~와 우~와 하고 감동하다가 그리 되었습니다.

이진술 회장님께

졸저에 대한 축하인사 고맙습니다.

늘 건강하시지요?

또 언제 한 번 뵈어야할 텐데, 회장님의 일정이 바빠 그렇지요. 여생이라도 바쁘게 사는 게 좋지 싶습니다.

졸작을 읽고 축하 편지까지 보내주시니 고맙습니다.

회장님과 맺은 인연은 길고 긴 엿가락 같습니다.

'산문과 시학' 모임이 3월 중에 있을 것이라 했으니 그때 뵙지요.

늘 건강하십시오.

지금 바로 전화 드리겠습니다.

2018. 3. 16.

최 중 수 드림

최중수 선생님께

최 선생님의 6번째 수필집 『숫자 4와 오간 이야기』 감사히 잘 읽었습니다.

작품내용이 소담스럽습니다. 정이 가는 소재를 택하여 감동을 줍니다.

최 선생은 1971년 안동문협 창간멤버로서 400여 편의 작품을 완성한 저력 있는 작가입니다. 따스한 이웃과 교감하면서 아름다운 삶을 누리고 계십니다.

전 작품을 다 읽고 다시 한 번 최 선생의 삶을 생각합니다. 30여 년간의 공직생활 중 흠결 없고 이해와 양보로 지내온 시간들이 늦게야 지금 빛을 발하고 있습니다.

같은 시청공무원으로, 같은 장르, 같은 동인으로 활동하는 우리들은 특별한 인연으로 세상을 바라보면서 살고 있습니다.

남은 생, 건강하고 활기차고 즐겁게 살아갑시다.

건투를 빕니다.

2018. 3. 16.

이 진 술 드림

최중수 선생님께

최 선생님이 성심성의를 다하여 많은 시간을 허비하면서 작품을 읽고 평하여 주신 그 고마운 마음 잊지 않고 고이 간직하겠습니다.

긴 시간동안 남의 졸작을 읽고 평하는 어려움을 잘 압니다. 정말로 감사를 드립니다.

대구시청문학회 출발 시부터 긴 시간 함께 문학을 해 오신 최 선생님. 저는 때로는 좌절할 때도 있었고, 문학을 보람으로 할 때도 있었습니다.

이 만큼 흘러온 지금, 세상을 살아가면서 많은 사람이 아니라, 단 한두 사람이라도 뜻이 맞는 사람을 만나 허심탄회하게 터놓고 인간적으로, 정으로 살고 싶은 마음뿐입니다. 본성은 버릴 수 없나봅니다. 혼탁한 세상일지라도 우리라도 정답게 지냅시다.

감사합니다.

하절기 건강 유의 하시기를 바랍니다.

2012. 8. 16.

이 진 술 드림

최중호 선생님께

최중호 선생님 그동안 안녕하셨습니까?

최 선생님의 수필집 『장경각에 핀 연꽃』 감사히 잘 읽었습니다.

90년대 초 수필문학 세미나를 통해서 선생님의 존함을 익히 잘 알고 있습니다. 역사적인 인물을 찾아 그분의 업적을 기리고, 간단한 제수를 준비하여 분향재배하고 술잔을 올린다는 이야기를 충청도의 어느 문인으로부터 들었습니다. 바로 최 선생님을 두고 하신 말씀인줄 이제 알았습니다.

수필집을 읽으면서 역사교과서를 읽고 있다는 생각에 젖어봅니다. 역사적인 인물 중 충신, 효자, 청백리 등 훌륭한 분들의 자료들을 정리하여 훌륭한 역사 수필집을 출간하였으니 그 노고가 얼마나 컸겠는가 생각해봅니다.

감사의 뜻을 전합니다.

항상 건강하시옵고, 가정의 평화를 기원합니다.

2018. 8. 6.

대구에서 **이 진 술** 드림

이진술 님께

보내주신 메일 감사하게 잘 읽었습니다.

저의 졸저를 보시고 과찬해 주시니 몸 둘 바를 모르겠습니다. 제가 유적지를 다니며 보고 느낀 점을 적어 본 것입니다. 다른 사람들에게 잘 알려지지 않은 내용을 써 보려고 노력해 봤습니다.

무더운 날씨에 건강 유의하시기를 빕니다.

2018. 8. 8.

대전에서 **최 중 호** 드림

최진호 교수님께

선생님, 삼복더위에 안녕하셨습니까?

선생님의 수필집 『생명의 바다』 잘 읽었습니다.

청해 바다를 유지하기 위해 큰일을 하시는 교수님께 경의를 표합니다.

신비의 바다가 각종 공해에 의해 오염되어 가는 것을 바라보며 안타까워하고 있지만, 선생님이 하시는 일은 국가가 역점사업으로 추진할 일이라고 생각합니다. 바다에 대한 문제점과 해결책을 제시한 선생님의 과업은, 우리가 해양국으로서 한일 어업문제나 독도 등 근본적으로 해결해야 할 국가사업입니다.

바다에 대한 많은 글을 쓰시고 독자로부터 공감을 얻기까지 선생님의 학술연구가치가 얼마나 큰지 잘 알고 있습니다.

훌륭한 수필집을 읽고 많은 상식과 견문을 얻어 교수님께 감사를 드립니다.

항상 건강하시옵고, 가정의 평화를 빕니다.

2002. 7. 18.

이 진 술 드림

최춘해 회장님께

새해 갑오년, 최 회장님의 건강과 가정에 평화가 깃들기를 기원합니다.

『이후문학』 잘 읽었습니다.

특히 「내가 걸어온 문학의 길」 잘 읽었습니다. 상주 사벌에서 태어나 상주 아동문학의 터전을 마련하셨고, 수많은 제자를 길러내셨습니다. 퇴임 후 10년간 아동문학 강의를 하면서 평생을 아동문학 발전을 위해서 헌신하셨습니다. 일생을 훌륭히 살아오셨습니다.

좋은 작품 읽고 깊이 감사를 드립니다.

혹한에 건강 유의하시기 바랍니다.

2014. 1.

이 진 술 드림

이진술 선생님께

부족한 제 수필집에 대한 과찬과 격려의 말씀 매우 고맙습니다.

좋은 말씀에 힘입어 더욱 정진하겠습니다.

긴 여행을 끝내고 어제 도착한 관계로 답장이 늦었습니다.

풍성한 한가위 맞으시고 건필하시기 바랍니다.

2017. 9. 23.

피 귀 자 올림

피귀자 선생님께

무덥던 여름도 지나고 제법 서늘한 바람이 일고 있는 가을입니다.

그동안 안녕하셨습니까?

피 선생님의 수필집 『그대에게 가는 길』 잘 읽었습니다. 그중에서도 특히 「도라지꽃」을 잘 읽었습니다. 돌아가신 어머니에 대한 모정을 다시 한 번 생각하게 한 글입니다.

선생님은 문학에 대한 남다른 열정으로 시, 수필, 평론 등 많은 장르에 걸쳐 공부하시고, 특히 그림 사진 분야까지도 폭넓은 예술 활동을 펼치고 계십니다.

뿐만 아니라 국학진흥원에서 운영하는 '이야기 할머니' 공모에 합격해서 자라나는 어린이들에게 꿈과 희망을 주고 있으니 여생을 참 아름답고 보람 있게 보내고 계십니다.

항상 건강하시옵고 건필 기원합니다.

2017. 9. 6.

이 진 술 드림

이진술 선생님께

선생님 정말 반가워요. 오랜만입니다. 잘 계시지요

늘 궁금했습니다.

폰을 잘못 다루어 전화번호가 없어서, 상대방이 먼저 연락해주지 않으면 모르고 지냅니다.

특히 이방자 선생님 많이 보고 싶은데 전혀 몰라요. 대구문협에서도 탈퇴한 것 같아요.

부족한 저의 글을 읽어 주시고 좋은 말씀을 해주셔서 감사합니다. 앞으로 더 잘 하라는 채찍으로 생각하겠습니다.

선생님, 이방자 선생님과 한 번 만났으면 합니다.

늘 건강하시고 행복하시길 빕니다.

2017. 11. 14.

함 명 숙 올림

함명숙 선생님께

함 선생님 그간 안녕하셨습니까?

선생님의 시집 『꽃밭을 서성이는 말들』 잘 읽었습니다.

선생님의 겸손함과 우아한 표정을 보면 양반의 고장 안동 사람들 특유의 인품을 가졌다는 생각이 듭니다.

「어머니의 베틀소리」를 읽으니 어릴 때 고향에서 늘 보고 들었던 베틀소리와 좁쌀풀, 바디, 북집 등이 정감 있게 들려옵니다. 「화조화」에 나오는 '이불 내걸었던 첫날밤 짓궂었던 상적꾼들의 장난'은 지금은 사라진 그 시대의 재미난 장난이었지요. 가정주부로서 열심히 살아오신 삶이 잘 그려져 있습니다. 「참나무 숲속 달개비꽃, 내 어머니 옥비녀 같다」는 작품에서는 두 딸을 위한 어머니의 희생을 추억하며 눈밭 속에서 어머니를 보내는 눈물의 광경이라 가슴 뭉클했습니다. 「부부1,2,3」에 나오는 '햇빛씨와 낮달씨'란 말은 참으로 친근하면서도 재치 있는 표현이 아닐 수 없습니다.

한국적인 멋과 함께 여성의 참모습을 보는 것 같습니다. 시집 잘 읽고 감사를 드립니다.

항상 건강하시고 가정의 평화를 기원합니다.

2017. 11. 14.

이 진 술 드림

함명숙 선생님

2012년을 두 팔 활짝 벌려 가장 즐거운 마음으로, 밝은 태양을 맞이하듯 잘 맞으셨을 줄 믿습니다.

언제나 깨끗함과 포근함을 주시는 함 선생님, 지난 해 여성문학지에 실린 「비우고 떠나기」 「두류공원 청소부」 「바다의 푸른 꿈」에 나오는 '낙엽처럼 뿌리로 돌아가는 윤회의 길', '청소부의 하루와 고달픈 삶', '초야를 치른 신부의 흐느낌' 등의 표현력이 참 뛰어납니다. 감사히 잘 읽었습니다.

나이 더 먹고 싶어 팥죽을 많이 먹겠다고 싸움질하던 그 옛날이 그립습니다. 세월이 가도 지금 모습 그대로 유지하시면 좋겠습니다. 보는 사람마다 10년 전 모습 그대로 젊고 밝다는 소리를 듣는 함 선생이면 더욱 좋겠습니다.

조직은 인적구성이 중요한데, 함 선생, 이 교장, 박 교장이 빠져나간 자리가 너무나 크게 느껴집니다. 저는 문학도 중요합니다만, 인간의 성품이 더 중요하다고 생각합니다. 앞으로 메일을 통해서 자주 글을 드리겠습니다.

우리 함 선생님, 늘 건강하시옵고, 가정의 평화를 기원합니다. 안녕히 계십시오.

2012. 1. 4.

이 진 술 드림

홍복연 선생님께

선생님 그동안 안녕하셨습니까?

즐거운 추석을 잘 보내셨습니까?

『다이아몬드를 훔친 여자』 잘 읽었습니다.

추석이라 시간이 되어 수필집을 읽고 소감 보냅니다. 풍부한 감성과 함께 여행을 많이 하셔서 폭 넓은 견문을 소유한 분이라고 생각합니다. 특히 「아름다운 그대」 「눈물로 만든 꽃」 「이별 그 후」 「소록도」 등을 감명 깊게 읽었습니다.

현재의 부군께서 '제대하는 날은 대구 시내가 사과꽃 향기로 가득 찬 4월'이라고 표현했으니 대구 근교에서 근무한 경험이 있나 봅니다.

진정한 영호남 화합의 길은 언제 열릴지……. 홍 선생님은 경남 의령이 고향이라니 반갑습니다. 의령에 대한 추억의 글은 내 고향 달성을 한 번 더 생각하게 만들었습니다.

안녕히 계십시오.

2002. 9. 21.

이 진 술 드림

이진술 선생님께 드립니다

안녕하십니까?

저의 책을 받고 정성껏 답장을 해주셔서 감사의 말씀을 드립니다. 요즘같이 분주한 일상에서 남의 글을 읽는 것도 어려운데 용기와 격려를 해주셔서 앞으로 글쓰기에 많은 도움이 되리라 생각합니다.

사실 수필집을 상재하고 나니 부끄러움과 책임감이 느껴지는군요. 다만 독자들과 같이 호흡하고 공감할 수 있는 글을 써보고 싶답니다.

언제 기회가 된다면 선생님을 뵙고 싶은데 그런 날이 오게 될지요?

저는 수필문학 행사엔 가능한 참여를 합니다. 같은 취미를 가졌기에 반가운 만남이잖아요. 이번 10월 추천작가회 모임에도 갈 생각입니다.

계절은 벌써 가을입니다.

선생님 건강하시고 즐거운 날 되십시오. 편지 오랫동안 잘 보관하고 가끔 읽어보겠습니다. 안녕히 계십시오.

2002. 9. 30.

'다이아몬드를 훔친 여자' **홍 복 연** 올림

황다연 선생님께

황 선생님의 에세이집 『내 꿈 안에도 그대의 향기 있네』 잘 읽었습니다.

시조를 쓰시는 선생님께서 3권의 에세이집을 내셨다니 대단하십니다. 축하의 말씀을 드립니다.

불교에 대한 깊은 신심, 주요 사찰을 찾아보고 느낌을 차원 높게 그린 선생님! 추억, 그리움, 낙엽 등 서정적인 글로 독자들을 매료시킨 훌륭한 책 잘 읽었습니다.

항상 건강하시옵고 문운이 함께 하시기를 기원합니다.

안녕히 계십시오.

1998. 9. 4.

대구 **이 진 술** 드림

황다연 선생님께

황 선생님 그동안 안녕하셨습니까?

산문집 『고정의 숲에서 만난 행복』 잘 읽었습니다.

세상 누구보다도 자연을 사랑하고, 투철한 마음공부로 수양을 쌓아 오신 황다연 선생님! 경전과 참선 수행으로 사물의 통찰력을 기르시고 문학과 경전공부를 함께 하시어 인생의 확실한 기반을 구축하였으니, 소 발로 디뎌도 꺼지지 않는 내면세계를 공고히 하셨군요. 폭넓은 인간관계, 대구 친구와의 따뜻한 정분 교환 등으로 인생을 아름답게 사셨습니다.

10년에 걸쳐 각고의 노력으로 준비한 고전의 숲, 구도자적 고뇌 속에서 성취한 글, 그 향기 멀리 이곳까지 미칩니다.

소중한 산문집 잘 읽고, 선생님께 감사를 드립니다.

안녕히 계십시오.

2013. 1. 21.

대구에서 **이 진 술** 드림

이진술 선생님

『흙 속의 솔바람 소리』 잘 읽었습니다.

진실의 향훈이 배어있는 작품을 통해 선생님의 삶의 진면목을 발견합니다.

남다른 형제애도 아름답고 모범적인 공직자의 삶도 아름답고 가정화목도 자랑스럽습니다.

선생님은 대한민국의 모범국민입니다.

귀한 저서 보내주셔서 고맙습니다.

2012. 7. 12.

황 다 연(영희) 드림

제3부

우리, 나이는 들어도 늙지는 말자꾸나

초·중·고·대
동창 동문과 주고받은 편지

권춘수 원장님께

『군위문학』 발간을 진심으로 축하드립니다.

힘찬 거보를 내디딘 군위문학 회원님들에게도 찬사를 보냅니다. 지방에서 문학 활동을 하기에 어려운 여러 여건들을 극복하고, 새 출발하는 권 원장님의 열의와 굳은 의지가 놀랍습니다. 좋은 작품 꾸준히 발표하여 군위문학 발전에 밑거름이 되고, 문향을 군위 군민의 가슴에 뿌려주시기를 바랍니다.

문학지에 실린 두 작품 잘 읽었습니다.

처음 본 「묘사단상」은, 요즘 시대에 옅어져가는 있는 효사상을 일깨워주는 작품으로 권 원장의 조부님에 대한 효심을 생각하며 잘 읽었습니다. 권 원장님의 살아가는 모습을 그대로 보는 듯합니다.

문학세계 신인상 수상 기념사진도 보기가 좋습니다.

2016년도 건강하시고 가정의 평화를 기원합니다.

2016. 2.

대구에서 **이 진 술**

권춘수 원장님께

첫 수필집 『은빛 자전거』 출간을 진심으로 축하드립니다.

그간 수필공부를 열심히 한 흔적이 훤히 보입니다. 굳은 의지와 농촌을 사랑하는 마음으로 일생을 고향발전과 군위군 축산 발전을 위해 헌신하며, 항상 올곧은 성품으로 자신의 일을 완벽하게 이루신 권 원장님은, 모친을 일찍 여의시고 모정을 누구보다 그리워하면서도 훌륭한 아버지의 교훈을 받들며 가정과 자녀교육에 힘쓴 모범가장입니다.

직접 10여 두의 한우를 사육하며, 손수 자두나무를 키웁니다. 가축 진료에 하루를 보내고 없는 시간을 쪼개어 글을 씁니다. 아름답고 참다운 수의사의 길을 걸어가고 있습니다.

소소한 이야기는 추석날 모인 가족들의 화기애애한 이야기며 가정의 분위기를 말해줍니다. 가축진료와 소 사육, 농촌과 농민에 대한 애환을 글로 표현하고 그들과 함께 호흡하며 살고 있으니 진정 성공한 수의사입니다. 남보다 10배의 노력으로 생각한 바를 다 이루고 있으니 장합니다.

다시 한 번 수필집 출간을 축하드립니다.

항상 건강하시옵고 건필하십시오.

2018. 5. 2.

이 진 술 드림

이진술 님

그간 안녕하십니까?

날씨가 아침저녁으로 제법 쌀쌀합니다.

건강에 유의하시고 늘 좋은 일만 가득하시기를 바랍니다.

내 작품이 실려 있어 매번 보내드립니다만 송구합니다. 글답지 않은 글입니다만 시간 내어 읽어주시면 하고 보내드렸습니다. 아직 미생 중 미생이라 부족한 점 많습니다. 많은 지적 부탁드립니다.

늘 감사합니다.

안녕히 계십시오.

2016. 10. 29.

권 춘 수 올림

이진술 작가님 귀하

해가 바뀌었는데 이제야 인사드리게 되어 송구합니다.

그 동안 잘 지냈습니까?

염려 덕분에 글을 쓰고 있습니다만 제대로 되질 않아 고민하고 있습니다. 처음에는 멋도 모르고 달려들었는데 멋을 알려고 하니 힘이 무척 듭니다. 그래서 아직도 좌왕우왕 헤매고 있습니다.

다행스럽게도 이진술 작가님이 옆에 계시기에 힘을 얻어 고심을 덜어가며 열심히 매진하고 있습니다. 늘 감사하게 생각합니다.

미숙한 글을 보내드려 부끄럽습니다.

더 좋은 작품 쓰도록 노력하겠습니다.

많은 지도편달 부탁드립니다.

늘 건강하시기를 바랍니다.

2017. 2. 15.

권 춘 수 올림

이진술 님께

보내준 수필집 『흙 속의 솔바람 소리』 잘 받았네.

그동안 경수회지에서 간간히 담백한 형의 마음을 읽을 기회는 있었지만 이렇게 단행본으로 한꺼번에 크나큰 홍복을 누릴 수 있는 기회를 가지게 되어 참으로 기쁘네.

수필집의 표제가 흡사 전원명소를 즐기려는 나의 생각과 맞물려 관심을 주었다네.

이곳 내 텃밭에는 백년 가까운 큰 소나무 두 그루가 서로 마주보면서 살아가고 있는데, 몇 해 전 폭설로 한 그루가 눈의 무게를 이겨내지 못하고 허리가 휘어져 꼬부랑 할머니가 되었다네. 돌아가신 나의 어머니 허리처럼 휘어진 엄마소나무는 그해 눈 내리는 밤, 자식들의 안위를 생각해 자신의 몸을 땅으로 숙여 설화를 면한 것이라네. 지금은 큰 가지 작은 가지들이 건강하고 조화롭게 자라 봄이 되면 청초한 솔잎도 무성히 돋아나지.

마치 나와 나의 가족들이 안심하고 잘 살아갈 수 있도록 받쳐주는 버팀목인 듯하네. 사시사철 변함없는 싱싱한 소나무와 겨울 솔바람 소리는 내 마음을 가지런히 하고 생각을 맑게 해주는 계기가 되어준다네.

아무튼 올 여름은 형의 수필집을 펼치면서 형을 생각하고 대화를 나누면서 더위를 씻을까 하네.

가내 두루 편안하고 행운이 깃들기를 기원하면서, 다시 만날 때까지 안녕.

2012. 7. 13.

울진에서 **권 무 수**

친구야, 내 친구 혁구에게

혁구야, 오늘은 보고 싶은 마음에 대전으로 너를 찾아갔다.

농촌 출신으로, 어렵게 대학생활을 한 우리들! 언제, 어디에 있든 내마음속에 항상 권혁구란 이름이 살아 숨 쉬고 있다. 언제나 마음이 포근한 너를 생각한다.

고향 안동의 양반가문에서 태어나 예의범절이 뛰어나고 정직하고 성실한 생활태도를 가져 우리들의 모범이 된 학도야! 60년 대학 입학 후 열흘이 지난 그 때를 기억하는가? 경북대학교 농대 후문 뒤 어느 이름 모를 묘지에서 다른 학생들은 경북대학교 입학을 자랑스러워하며 즐거움을 만끽하고 있을 때, 우린 2학기 등록금 낼 걱정을 했다. 우리는 대학생활의 낭만도 즐거움도 맛보지 못했다.

대학 졸업 후 경수회란 이름으로 1년에 몇 번 만나고 있지만, 그것만으로 갈증이 나서 오늘 너를 보러 갔다.

그간 세상사에 지쳐 머리는 반백이요 주름살투성이인 노인이지만 얼싸 안으며 그간의 회포를 풀었고, 우리는 대청댐으로 자리를 옮겼다. 우리는 댐 주위의 수목들과 그 맑은 물에 경탄을 했다. 고 박정희 대통령의 높은 식견을 찬양하면서 한적한 풀밭에서 소주잔을 돌리며 준비한 음식을 먹고 즐거운 시간을 보냈다. 비가 왔고 우리는 어느 빈집으로 들어가 비를 피했다. 지저분했지만 우리는 함께였고 술기운은 계속 살아났다.

학도야! 네가 만일 대구에서 산다면 하루에도 몇 번 만나서 서로가 마음을 펴놓고 일상을 즐길 것인데……. 생각하면 애달프다. 헤어져 돌아오자마자 다시 보고 싶다.

학도야! 너는 진정 나의 친구다.

단풍이 물든 이 가을에 맑은 하늘을 쳐다보며 즐겁게 살아가자.

안녕! 건강과 가정의 평화를 기원한다.

1996. 10. 6.

이 진 술

다정한 벗 진술에게

『흙속의 솔바람 소리』 수필집을 받아보니 감회가 남다르다.

해천의 체취와 심취가 듬뿍 담긴 책을 받고 옛 우정을 생각한다.

소중히 간직하여 해천을 생각하며 읽으리라.

우탄트 축하한다.

2012. 7. 4.

대전에서 권 혁 구 드림

영원한 벗 김기석에게

멀리 떨어져 있는 벗이 그리울 때가 많이 있단다.

진심으로 수필집 출간을 축하해주는 너의 마음이 고맙다. 너의 마음은 변함이 없구나.

사모님의 허리가 좋지 않아서 여러 가지로 걱정이 많겠다. 너의 근면성과 너그러움과 이해로 몸이 불편한 사모님을 대신해 1인 2역을 잘 수행하실 줄 믿는다.

'흙 속의 솔바람 소리'의 속뜻은 이렇다. 흙은 내가 태어난 농촌 즉 고향 논공이며 솔바람 소리는 우정, 사랑, 우애를 뜻하네. 촌놈으로 태어나서 우정, 사랑, 형제간의 우애를 나누며 살고 싶은 염원을 담은 글이라 설명하고 싶다.

세상이 이렇게 험악하고 도덕이 무너지고 있지만, 참인간으로 마음이 따스한 사람과 교분하고 살고 싶다.

고교와 대학 동문이란 인연은 그 무엇으로도 설명할 수 없는 굵고 튼튼한 로프야! 따뜻한 글, 마음의 글을 보내주어 내 마음도 따스해지는구나.

사모님의 건강 회복과 가정의 평화를 기원한다.

영원한 벗, 잘 있어, 안녕, 안녕, 안녕.

2012. 7. 7.

대구에서 **진 술** 드림

벗, 김기석에게

2012년은 흘러갔다. 새해 2013년 계사년은 밝았다.

친구의 따스한 가슴에 건강과 가정의 행복이 가득 담기기를 기원한다. 사모님도 건강하옵기를 빈다.

지난 해 우린 우리의 호프인 박근혜 대통령을 당선시켰다. 나라가 잘 되길 바란다.

만날 때마다 우리가 늘 하는 이야기지만, 이제 남은 것은 건강을 다지는 일이고, 시간이 나면 서로 안부를 묻고 소식을 전하며 즐겁게 사는 일뿐이란다.

살아가는 데에 많은 친구가 필요치는 않다. 마음을 줄 수 있는 가슴 따뜻한 친구가 한두 명 있다면 그것으로 만족한다. 우리는 고등학교는 물론 대학도 같은 학교, 같은 학과를 같이 다녔다. 성주와 달성 논공이란 같은 농촌을 배경으로 자라면서 심신을 단련한 우리들. 언제 어디서든지 힘을 모을 수도 있고, 정을 송두리째 줄 수도 있단다. 비록 돈 부자는 아니지만, 우정과 신념만은 부자로 살아가는 사람들이지.

김기석! 그 아름다운 의리와 우정을 생각하면서 새해 인사말을 보낸다. 안녕, 안녕, 안녕.

2012. 12. 31.

대구에서 **이 진 술** 드림

내 마음의 벗 이진술에게

자네에게 막내 아들집 주소를 알려준 뒤 거의 매일같이 우편함에 눈길이 간 이유를 자네는 알겠지?

그간 잘 지내고 가내도 두루 편안한지?

우리 가족들도 정말 자네를 훌륭한 친구라고 점 찍어두고, 그렇게 알고 있단다. 어쩌면 자네를 보면서 나 자신을 들여다보는 것 같은 착각에 빠질 때도 한두 번이 아니었지. 자네와 가치관이 거의 일치한다고 할까?

어제 수필집을 받고 생각이 나서 몇 자 적어본다.

자네의 좋은 점은 우선 진실함이고, 언제나 신뢰할 수 있고 또 도덕성이 남다르고, 이재에 밝지 않고, 남을 배려하는 마음이 바탕에 깔려있다는 점이다. 70평생을 살아오면서 마음에 맞는 친구가 드물지만 자네가 너무 마음에 들고, 그래서 난 한없이 행복하단다. 자네 같은 좋은 벗을 두고 있다는 것이 다행스럽고 어느 누가 뭐라고 해도 뿌듯하기 그지없네.

약 2년 넘게 막내 아들집으로 출근하는데, 아침 7시에 가서 저녁 8시에 돌아오면 녹초가 된다. 그래도 혈육이기에 보람이 있네 그려. 내 형편이 그러하니 행사나 모임에는 참석하기가 힘드네. 사람 많이 좋아하는 성격이라 그러는 것이 불편하지만 모두에게 이해를 구하면서 지내고 있네.

집사람 건강(허리 디스크) 때문에 1인2역을 하고 있네. 집사람이 자네가 보낸 책을 진종일 읽더니, 잔잔하고 진솔한 내용이라 쉽게 이해할 수 있어 너무나 좋다고 하더라. 내가 듣기에도 진종일 기분이 좋았네.

나도 글을 잘 쓰지는 못해도 퇴직 후 거의 책을 읽으면서 시간을 보내지만, 자네의 실력은 대단하네. 여러 친구들이 자서전처럼 글을 모아 발간한 내용을 보다가 자네 책을 보니, 추억에 젖느라 십 수 년이 단숨에 지나갔네.

친구야! 우리 나이는 들어도 늙지는 말자꾸나.

너무 지루하게 적어 보았지만, 내 마음 진정이라고 생각해 주게.

부디 건강하고 즐거운 하루하루가 되도록 멀리서나마 기원하면서 이만 줄이네.

밤이 깊어지고 있네.

좋은 꿈꾸게나.

2012. 7. 부산에서

좋은 사람 되기 위해 노력하는 **홍 은** 올림

해천 이진술 동문께

경수회 모임에서 오늘 정말 뜻깊고 보람을 느끼며 뜨거운 격려와 찬사를 보낸다.

살아생전 한 줄의 인사말도 남기지 못하는 대다수의 사람들을 모아 놓고 이렇게 '흙 속에 솔바람 소리를 담아' 남김을 축하한다.

이것도 한 장의 추억으로 남기려고 파일에 담아 그 시간 그 모습을 보낸다.

기념으로 받아 주시게.

2012. 7. 6.

목로 **김 성 길**

김성길 소장

진심으로 감사를 드린다.

사진파일 잘 받아 보았다.

고맙게도 내가 책을 들고 있는 모습을 찍었구나.

자네가 본문 중에 실을 사진을 보내주어 책 출간할 때도 도움이 컸네. 훌륭한 사진작품을 주어 고맙다.

너의 친구 이길용의 책도 언제 조용할 때 드리겠다.

기념회 날 그날도 노고가 많았다.

안녕, 안녕. 안녕.

2012. 9. 8.

이 진 술 드림

이진술 과장님께

건강하신지요.

편안하셨는지요.

과장님의 고귀한 수필집 받고나니 지나온 54년의 시간을 잠시 뒤돌아 생각하게 되었습니다. 의식 없이 살아온 것 같아서요. 지금부터라도 좀 더 정돈된, 사람다운 생활을 하리라 다짐하게 되었습니다. 송구하옵니다.

『흙 속의 솔바람 소리』 발간을 진심으로 축하드립니다.

머리말을 읽는 동안 코끝이 시큰해왔습니다. 언제나 진한 가족애와 사람 살아가는 깊은 내음이 묻어나는 과장님의 글이라 생각했습니다.

과장님께서는 안동군청에 재직하는 동안 저희들에게 남겨주신 맑은 강물처럼 깊고 신선하신 모습이 새삼 떠오릅니다.

저는 2007년도에 건강이 안 좋아서 대수술 후 늘 노심초사하며 생활하고 있습니다. 이제 조금은 나아졌습니다만 청천벽력 같은 병으로(신장) 근근이 사무실과 집만을 오가며 생활해 온 시간이 5년여입니다. 먹구름이 걷히고 그 사이로 내비치는 햇살을 기다리려고 합니다.

저는 늘 도리를 못합니다만 이렇게 인도하여 주셔서 깊은 감사를 드립니다.

과장님, 언제 한 번 인사드릴 시간이 내도록 노력하겠습니다.

사모님과 함께 내내 건강하세요. 행복하십시오. 그리고 가내 두루두루 평안하시옵기를 진심으로 기원 드립니다.

안녕히 계십시오.

2012. 7. 5.

안동시 와룡면장 **김 용 준** 올림

존경하는 이진술 과장님께

저도 나이가 벌써 오십여섯이 됐네요.

어릴 적 함께 살았던 가족들, 할머니도 아버지도 한분한분 세상을 떠나시고 5남매 중 차남으로서 고향 안동에 남아 모든 걸 지키고 관리해 나가야만 하는 일들이 감사하게 생각됩니다. 하지만 때로는 너무도 허망하고 허전하여 모든 걸 내려놓고 싶을 때도 있는 것 같습니다.

다행이 건강이 조금은 회복되는 듯해서 조심스레 안도하고 있습니다.

과장님 그간도 편안하셨는지요.

과장님께서 보내주신 소중한 책을 받고도 연말연시라 이런 저런 일들로 이렇게 인사가 늦어져 송구한 마음 금할 길 없습니다.

과장님의 책이, 평소 잊고 지내오던 제 마음 한구석 작은 감성을 일깨워 주십니다. 안동농림 - LG재단 연안축산 - 방송통신대학을 마친 저의 생활은 그저 농촌을 근거하여 한정된 안목으로 살아왔습니다만 평소 독서량도 없이 쏟아지는 칼라 매체에 젖어 생활하다보니 얼마 안 되는 생각의 힘도 자꾸만 퇴화되어 가는 것 같습니다.

과장님, 봄에 새싹이 돋아나나 싶더니 어느덧 왕성하게 커

가는 자연의 모습에서 머지않아 온갖 열매가 익어가는 가을이 다가오고 있음이 예상되어 어김없이 흘러가는 시간의 느낌이 또 새롭습니다.

2010년 8월 축산과 - 농정과 - 유통특작과를 거쳐 3년여 만에 다시 축산진흥과(13년 8월)로 돌아오게 되었습니다. 2010년 말 구제역 파동의 중심에 섰던 안동축산이 어느 정도는 다시 평온을 찾아가고 있는 것 같아 다행입니다. 하지만 한우관련 FTA직불금 지원 폐업지원금을 지원하는 정책(두당 850천여 원)에 따라 향후 우리나라의 한우산업은 자의든 타의든 정예화가 불가피하고 그것을 지향하고 있는 것 같습니다.

지방선거 이후 도청 이전 등 이곳 안동에도 변화가 올 것 같습니다. 2018년이면 전철 복선화로 서울 안동이 1시간 20분이면 왕래가 가능해지고, 동서 6축 고속도로가 안동을 지나는 공사를 하고 있어 그동안 북부권 낙후지역이란 말에서도 좀 벗어나게 될 것 같습니다.

세상을 살아가는 지혜가 간단하지만은 않겠지요. 가치관이 흔들리는 상황에서도 침묵을 지키는 사람도 있고, 검은색을 보고 주저 없이 검다고 표현하는 사람들도 있지요. 저는 아마도 전자인 것 같습니다. 복잡한 현대생활, 많고 많은 사연 속에 사람들과 부대끼다 돌아서면 본의 아니게 진실을 잊고 살기 쉬운 게 현실인 것 같습니다.

제가 알고 있는 과장님의 삶! 늘 되새겨보고 싶습니다. 과장님께서는 직원을 질책하실 때에도 서슬 퍼런 모습은 결코 아니셨습니다. 저도 어려움이 생겨도 좀 더 사람답게 살도록 노력하겠습니다.

과장님! 사모님과 함께 늘 건강하시옵고 가내도 두루 평안하시기를 진심으로 기원 드립니다.

안녕히 계십시오.

언제 안동 오실 기회가 되시면 식사라도 한 번 모시고 싶습니다.

2014. 6. 10.

안동시청 축산진흥과 **김 용 준** 올림

축산계의 큰 별이 지다

-고 김용호 님의 영전에 바치는 글

김용호 님!

사람은 누구나 죽음을 피할 수 없습니다.

그러나 님의 부음은 우리들 경북 축산인의 가슴에 큰 충격과 애석함만을 남깁니다.

항상 너그러운 마음으로 남을 포용하고 남의 마음을 편하게 했던 님이여!

이 땅에 많은 축산인이 있지만, 님은 참으로 진정한 축산인이었습니다. 30여 년 간 축산 현장에서 생사고락을 함께하며 최선을 다한 공무원입니다. 후배공무원을 잘 이끌어준 모범 공무원이기도 합니다. 축산인 모두가 좋아하는 계장이며 면장님입니다. 특히 K군청에서 님을 정점으로 한 축산계 직원들! 손발이 척척 맞았고 화합의 정신으로 즐거운 직장생활을 할 수 있었습니다. 그때의 정을 못 잊어 경산의 '경'자와 즐거울 '락'자를 따서 '경락회'를 결성하였지요. 특이하게 행정직이면서도 우리와 뜻이 같고 우리 직원들을 형님과 같은 입장에서 진심으로 지도해주신 K과장님을 모시고 경락회는 지금도 분기별 정기모임을 하고 있습니다. 님은 적극적으로 모임을 주도했습니다. 님과 K과장이 없었더라면 이런 영광도 누리지 못했겠지요.

어느 업자의 과욕으로 빚어진 하양 마사토 사건으로 직원 모두가 시달리고 어려움을 겪은 적도 있었습니다. 그 업자가 감사원, 내무부, 도청에 등에 투서와 진정서를 10여 차례나 보내는 바람에 직원들 모두가 지쳤습니다. 이때 K과장이 앞장서서 하나하나 풀어갔습니다. 수의축산직은 기술직 공무원이므로 일반행정부문은 부족한 점도 있으니 우선 축산계 조직을 안정시키고, 기술직이 깨닫지 못한 부분 중에서 해결의 실마리를 찾아 무사히 위기를 극복했습니다.

님이여! 그 마사토 사건으로 위기도 있었지만, 풍부한 행정경험과 따뜻한 지도를 받은 군청 축산계 직원 중에서 훗날 기술직서기관 3명이 탄생되어, 도 본청의 수의축산직 3명의 책임자 자리를 모두 차지하는 영광도 있었습니다.

뿐만 아니라 조선일보 청룡봉사상 수상자가 나왔으며 시인, 수필가도 탄생했습니다.

님이여! 당신은 폭넓은 인간애를 가진 참 좋은 분이었습니다. 사람을 차별하지 않고 공식적으로 많은 사람을 만났습니다. 만나면 식사라도 하고 보내야만 마음이 놓이는 사람이었습니다. 님의 돈독한 인간관계는 두고두고 본받아야 할 덕목입니다.

존경과 믿음을 주었던 축산의 원로 한 분을 먼저 보내고 보니 이 후배 공무원의 가슴은 텅 빈 공허감뿐입니다.

님은 80년 중반에 1차 건강의 이상 신호를 경고 받았습니다. 젓간을 좋아하는 사람들을 뿌리칠 수 없어 같이 행동하고 상대의 기분을 맞추다 보니 건강은 더욱 악화되었습니다.

이제 님은 가셨습니다.

평생을 공무원으로, 남을 위해 헌신하신 님이여!

천국에서 편히 쉬시고, 천상 복락을 누리십시오.

1999. 2. 8.

이 진 술 드림

김임수 님께

결실의 계절을 맞아, 그간 가내 두루 안녕하옵기 바라며 건강하옵기를 기원한다.

세월이 이렇게 쉬이 흘러갈 줄 어찌 생각을 했는가. 물같이 바람같이 흘러간 세월을 누가 탓하랴.

나는 지금 공무원 공로연수기간 중이다. 지금은 사무실에 출근치 않고, 연말이면 자동으로 정년퇴직하게 된단다.

임수! 우리가 초등학교를 졸업한 지 45년이 흘렀다. 나는 가끔 코스모스 피는 고향 금포초등학교의 아름다운 교정을 추억한다. 원호, 임수, 나, 우리 세 사람은 그 시대 어려움 가운데서도 대학을 졸업했으니 선택받은 사람이라고 자위하고 싶다. 간혹 서울 가지만, 찾아볼 겨를은 없었다. 나의 수필집 『바람처럼, 구름처럼』에 나오는 「추억여행」은 동창 장남 결혼식에 참석하고 돌아오면서 구상한 작품이란다.

어디에 살든지 우리 동창 모두가 건강하고 마음 편히 살아가기를 바랄 뿐이다.

가정의 평화와 건강을 기원한다.

안녕, 안녕, 안녕.

1999. 10. 6.

이 진 술 드림

마틸다(김점자) 님 영전에

나는 진정한 여자 친구를 한 사람 갖고 있었습니다.

이 세상 어느 누구와도 비교할 수 없는 그런 소중한 사람이었습니다. 서로가 믿고 신뢰하며 나와 소통이 가장 잘 되었던 50년 지기였습니다.

그 사람이 갑자기 나의 곁을 떠났습니다. 불의의 교통사고로 하늘나라로 갔습니다. K대학병원 영안실에 모인 유가족, 친구, 친지, 동창 등 모두가 갑자기 당한 변고로 넋을 잃고 있습니다.

그러나 영정 속의 마틸다 님은 웃고 있었습니다.

며칠 전까지만 해도 우리와 만날 때 늘 입고 왔던 그 옷차림으로 생글생글 웃고 있었습니다.

죽음이 실감나지 않습니다. 이렇게 죽음이 쉽게 우리 곁을 찾아오는가. 죽음! 나는 이 말뜻을 이해할 수가 없습니다. 충격을 받고 갈기갈기 찢어진 심정으로 창밖을 멍하니 바라보고 있습니다. 항상 밝고 인정이 넘치는 한 참인간의 모습이 뇌리를 스칩니다. 일처리가 명확하고 시간을 정확히 지키고 소중한 것을 함께 나누고자 했던 사람입니다. 만나면 일상의 소소한 이야기에서부터 속 깊은 이야기로 소통하고, 어려운 여건 속에서도 언제나 기뻐하고 만족하면서 살았던 사람입니다. 다른 사람을 잘 이해하고 함께 지내는 능력이 뛰어난 사람, 일생을 불쌍한 사람 돌봐주며 의료봉사의 삶을 살아왔습니다.

마틸다 님은 1960년 후반 대구가톨릭학사회 회원으로 함께 활동하며 평생의 친구로 만났습니다. 내가 지쳐있을 때 신앙을 바탕으로 아낌없는 격려와 위로를 해주던 회원이었습니다.

그는 본업인 간호사로서 임상경험을 쌓고 전문 의료인이 되었습니다. 그 분야의 최고 관리직에 오르기도 했고 자기계발을 위해 꾸준히 공부해서 늦깎이로 학위를 받아 대학에서 후학을 가르치기도 했습니다.

평소 전교에 힘써 영세시킨 자가 13명이며, 이들 모두에게 매월 정기적 모임을 주선하여 신앙을 돌봐주었습니다.

나는 그간 2번의 입원수술을 받았습니다. 그가 원장 수녀님을 모시고 수술 시 의사의 실수가 없도록 특별 기도를 청하여 주신 것이 고통을 극복하는 데 큰 힘이 되었습니다. 그는 진정한 나의 건강 멘토였습니다.

마틸다 님!

마지막 보았을 때의 얼굴이 뇌리를 스칩니다. 이제 그 웃음, 그 음성 다시 들을 수 없음이 한없이 서럽습니다.

마틸다 님은 영천 출신으로 향년 68세로 이승을 마감한 간호사요, 교수로서 제자를 양성한 우리의 따뜻한 이웃이었습니다. 간호를 천직으로 알고 환자를 위해 일생을 바친 그였습니다. 님은 떠나고 없지만 당신께서 남긴 공로는 그대로 있습니다.

아, 마틸다 님!

생전에 걷기를 좋아하는 그는 지하철 한두 역은 일부러 걷는 경우도 많았습니다. 바쁜 가운데서도 시간을 내어 등산을 즐겼습니다. 지난 7월 중순 경 강창 계명대 뒷산으로 등산을 갔습니다. 더운 날씨라 땀이 빗방울처럼 흘러내렸습니다. 정상에서 잠깐 휴식을 가졌습니다. 그때 붉고 노란 해바라기 꽃무늬가 새겨진 손수건을 저에게 주면서 땀을 닦으라고 하셨지요. 내가 땀을 닦고 돌려주니 그냥 가지시고 사용하라고 하셨습니다. 그 손수건이 당신께서 나에게 주신 마지막 선물이 될 줄이야……. 하산 길에 당신은 발을 헛디뎌 발목을 삐셨습니다. 절룩대며 고통을 호소했습니다. 119를 불러 응급조치를 하려고 했으나 사양하기에 엉거주춤 두 손을 잡고 하산했습니다. 아! 지금도 그 순간을 생각하면 적극적으로 응급조치를 하지 않고 소극적인 조치로 고통을 가중시키지 않았나 하는 자책감이 앞섭니다. 집에 도착 후 괜찮다는 전화를 받고서야 안도했습니다. 며칠 후 완쾌되었다는 소식도 들었습니다. 그래서 2,3일 내에 곧 만나보겠다고 마음속으로 기약했는데 뜻밖의 비보를 받았습니다.

아, 마틸다 님!

우리가 같은 신앙인으로 대구가톨릭학사 회원으로 활동하면서 50년의 세월이 흘렀습니다. 그동안 속세의 애정에 파문

히지도 않았고 가톨릭 정신 속에서 오직 신앙인으로서의 의무와 책임을 다하고자 노력해왔습니다.

수성성당에서 꾸르실료 장으로 당신의 장례미사가 치러졌습니다. 최홍길, 이홍근 사제의 공동집전 강론에서 평생 남을 위해 봉사하고 고통 받고 있는 환자를 위해 희생하며 온 정성을 바친 분이라고 했습니다. 국화꽃 향기 가득한 성전에서, 평소 아름다운 인연을 맺은 많은 신자들의 흐느낌 속에서 마지막으로 영구차가 떠나는 최후의 순간까지 당신의 영정을 바라보며 눈물로 보냈습니다.

이제 이 세상에서 나의 벗 마틸다 님은 떠났습니다.

그대를 사랑하고 좋아하는 이들이 아쉽고 서러운 정을 토로하며 지금 마지막 시간을 고하고 있습니다.

아, 마틸다 님!

천국에서 편히 쉬소서.

천상 영복을 누리시소서.

2015. 8.

이 진 술(도밍고) 드림

박승근 원장께

박 원장!

그간 건강하시옵고 가내에 별일 없으시기를 기원하네.

사모님께서도 안녕하옵기 바란다.

지난 5월 19일 박씨문중의 종택을 찾아보고 많은 것을 느꼈다. 윗대 어른들의 유훈을 지키고, 잘 보존한 후손들 특히 박 원장에게 경의를 표하고 싶다. 종택 내의 소나무, 느티나무, 기왓장 한 장에도 애정이 가더라.

박 원장! 사제를 배출한 집안, 그 얼마나 자랑스럽고 영광스러운 가문인가. 신앙인으로서 최고의 삶을 살아온 두 분은 칭송받을 만하다. 물론 주님의 성소의 힘도 컸지만, 부모로서 훌륭한 사제로 키우기 위해 노심초사 기도하며 심신 단련한 그 공을 어찌 말로써 표현할 수 있겠는가. 깊은 경의를 표한다.

박 원장의 시원한 사랑채에서 묵 향기 어리는 과일주를 마시면서 신부님의 서품 사진첩을 한 장, 한 장 넘기자니 감격하기도 했다.

박 원장의 붓글씨는 정말 명필이란다. 언제 그렇게 정진하고 공부했는가. 난필인 나는 글씨 잘 쓰는 사람이 부럽다.

마당에 심어놓은 꽃들이 조화롭게 어우러져 피어있으니 화기애애한 가정 분위기를 말하는 듯도 하고, 늘 웃고 있는 것 같기도 하구나.

박 원장!

60년대 경대 재학시절, 교양과목을 이수할 때 농화학과와 수의학과가 합반으로 공부하느라 이 교실 저 교실 돌아다니면서 숲속의 캠퍼스를 거닐며 낭만적인 기분으로 공부했지. 아름다운 그 추억이 벌써 반세기 전의 일이다.

남은 인생, 건강하고 보람 있게 살고 싶다.

나는 박영완 선배님을 진심으로 존경한다. 세상에 많은 선배가 있지만, 박 선배는 마음으로 존경하는 처지다.

대구에 오는 일이 있으면 연락하게.

같은 신앙으로 서로 기도하면서 살자.

박영언 군수님께 안부 전해주기 바란다.

갑자기 여름이 온 기분이다.

건강 조심하고, 가정의 평화를 기원한다.

2017. 5. 24.

이 진 술 드림

이진술 선배님

안녕하세요. 이진술 선배님.

경북대학교 수의학과 2학년 방승민입니다.

2017년이 가고, 무술년 2018년이 밝았습니다. 지난 1년은 시간이 정말 빠르게 흘러간 것 같습니다. 특히 2017년 하반기는 시간이 어떻게 지나가는지 인지하지 못할 정도로 빨랐던 것 같습니다.

내년에는 수의학과 3학년에 올라가게 되는 만큼, 졸업이 먼 이야기가 아니게 되었습니다. 앞으로 남은 학교에서의 2년과 군복무 3년의 시간을 어떻게 보내는지에 따라 제가 목표로 했던 것들을 이룰 수 있을지가 결정되리라 생각합니다.

현재도, 공직자가 되어 여러 사람들에게 도움을 주고 싶다는 생각은 변함이 없습니다. 따라서 이 목표를 이루기 위한 첫 단계인 수의학과 졸업과 공직 입문을 위해서 앞으로 주어진 시간동안 꾸준히 노력해나가겠습니다.

지난 2년 동안 본격적으로 수의학과 공부를 해왔는데, 지금 돌이켜보면 수의학적 지식과 경험을 쌓는 것 외에도 공부하는 능력 또한 발전하게 되는 것 같습니다. 확실히, 예전보다 같은 시간동안 할 수 있는 공부의 양이나 난이도가 향상되었다는 느낌이 듭니다.

처음에 수의학과 공부와 공직입문을 위한 공부를 모두 하겠다고 생각하였을 때는 시간부족이 큰 걱정거리였습니다. 객관적으로 어느 하나에만 집중해서 한다 해도 성취하기 쉽지 않은 것들인데 시간을 둘로 나눠서 두 가지 모두 하려고 하는 것인 만큼 다른 사람들보다 더 어려움을 겪을 것이라 생각했습니다.

하지만 지난 2년을 돌아보면서 수의학과 공부와 공직입문을 위한 공부가 각각 별개로 떨어져있는 것이 아니라 서로 도움을 줄 수 있겠다는 생각이 최근에 들었습니다. 따라서 한쪽 공부에서 얻게 된 것들을 다른 쪽 공부에도 적용시키며 서로 도움이 될 수 있도록 한다면, 상대적으로 부족한 부분들을 보충할 수 있을 것 같습니다. 이를 통해서 목표를 이룰 수 있는 확률 또한 높일 수 있다고 생각합니다.

수의학과에서 얻게 된 지식과 경험들, 그리고 공직자로서 활동하기 위한 지식과 경험들, 이 모두를 가지고서 공직에 입문할 수 있도록 앞으로의 시간동안 계속해서 나아가겠습니다.

다수의 목소리와 강한 자의 목소리 그리고 큰 목소리 외에, 소수의 목소리와 약한 자의 목소리 그리고 작은 목소리에도 꼭 귀를 기울이며 많은 사람들의 행복을 위해 일하는 공직자가 되고 싶다는 이 마음가짐을 가지고 노력해 나가겠습니다.

선배님께서 예전에 말씀해주신 것처럼, 꾸준한 운동으로

건강관리를 해나감과 동시에, 하루에 공부시간을 최대한 확보할 수 있도록 하겠습니다. 이러한 하루하루가 모이게 되면 제가 목표로 했던 것들을 이룰 수 있으리라 생각합니다.

먼저 공직의 길을 걸으신 선배님께 새해를 맞아 이런 말씀을 드릴 수 있는 것이 저에겐 큰 행운이라 생각합니다. 선배님께 이러한 말씀을 드리며 다시 한 번 의지를 가다듬게 됩니다.

2015년부터 제게 큰 도움을 주신 선배님께 진심으로 감사드립니다. 감사드린다는 말로는 부족할 정도로 정말 감사드립니다.

저도 꼭 다른 사람에게 도움을 줄 수 있는 사람이 되도록 노력해나가겠습니다.

행복과 보람 그리고 건강이 가득 찬 2018년 보내시기를 진심으로 바랍니다.

올해 목표로 하신 일들 모두 다 이루시고, 항상 건강하시기를 기원합니다.

새해 복 많이 받으세요. 감사합니다.

2018. 1. 1.

경북대학교 수의학과 2학년

방 승 민 올림

이진술 선생님

경북대학교 수의학과 3학년 방승민입니다.

학기가 시작되고 얼마 지나지 않은 듯한데 벌써 5월이 되었습니다.

저는 다행히 건강하게 학업을 이어가고 있습니다.

방금 송금해주신 돈을 확인하였습니다. 4년 동안 계속해서 도움을 주신 점 진심으로 감사를 드립니다. 이렇게 큰돈을 받게 되어서 정말 감사드리면서, 송구스러운 마음도 듭니다. 선배님께서 큰 도움을 주신 덕분에 학업을 수행해 나가는데 정말 많은 도움이 되고 있습니다.

학업을 열성적으로 수행해 나가서, 선배님께서 도움을 주신 것처럼 저 또한 도움이 필요한 사람들과 동물들을 위해 활동할 수 있도록 하겠습니다.

이제 졸업이 먼 얘기만은 아니게 되었습니다.

공직에 나아가서 다양한 환경에 처해있는 사람과 동물들을 위해서 일하겠다는 꿈을 이루기 위해 앞으로도 열심히 노력해 나가겠습니다. 선배님께 이러한 모습을 꼭 보여드리고 싶습니다.

4년 동안 지속적인 도움을 주신 점 다시 한 번 진심으로 감사드립니다. 보내주신 돈은 꿈을 이루기 위해서 소중히 감사하게 잘 사용하도록 하겠습니다. 정말 큰 도움이 되고 있습니다.

항상 행복과 건강이 가득하시기를 진심으로 바랍니다.

이진술 선배님 감사합니다.

2018. 5. 14.

경북대학교 수의학과 3학년

방 승 민 올림

이진술 선배님께

안녕하세요. 이진술 선배님.

경북대학교 수의학과 방승민입니다.

선생님께서 써주신 편지를 읽은 후, 한 번의 학기와 한 번의 방학이 지나고 또 다시 새로운 학기가 시작되었습니다.

지난 6개월 동안 선배님께서 편지에 써주신 조언을 잊지 않으면서 남은 대학생활 3년을 어떻게 보내야할지 생각을 하였습니다.

본과 과정을 1년 해본 결과, 수의학과의 공부도 할 것이 많으므로 기술고시까지 합격하기 위해서는 철저한 자기관리와 시간관리가 있어야 하겠다는 생각이 더욱 확고해졌습니다. 모든 시간을 고시 준비에 쏟아 부어도 합격을 장담할 수 없는데, 저는 수의학과 공부도 병행해야 하는 상황이므로 더욱 더 시간 관리를 잘 해야 할 것 같습니다.

이러한 상황이다 보니 선배님께서 해주신 조언은 큰 힘이 될 것입니다. 장기전인 만큼 꾸준하게 장시간 공부하는 것이 중요하므로 운동을 하며 체력을 관리하도록 하겠습니다. 또한 시간을 잘 관리하여 도서관 이용시간 등의 하루 공부시간을 길게 유지할 수 있도록 하겠습니다.

고시 준비와 같은 장기간의 공부에 있어 선배님께서 해주신 조언은 변하지 않는 핵심이라는 생각이 많이 듭니다.

수의사로서 공직에 나아가 여러 사람들에게 도움이 되는 일을 하겠다는 생각을 잊지 않고, 의지를 가지고 꾸준히 노력해나가겠습니다. 영어공부 또한 틈틈이 해두어서 국제적 능력을 갖춘 공직자가 될 수 있도록 하겠습니다.

앞으로 나아가야할 길에 대하여 진심어린 조언을 해주셔서 정말 감사드립니다. 해주신 조언을 마음속에 간직하여 철저한 자기관리와 시간관리를 해 나가겠습니다. 분명 쉬운 일은 아니겠으나 나중에 이 시기를 돌아봤을 때 후회 없도록 모든 노력을 다 해나가겠습니다.

많은 도움 주셔서 진심으로 감사드립니다.

이진술 선배님.

선배님께 행복과 건강이 가득하기를 기원하며, 이만 줄이겠습니다.

정말 감사드립니다.

2017. 3. 11.

경북대학교 수의학과 2학년

방 승 민 올림

이진술 선생님께

안녕하세요. 이진술 선생님.

작년에 이어 올해도 기탁 장학금을 받은 경북대학교 수의학과 방승민입니다. 작년에 이어 올해에도 장학금을 주신 점 다시 한 번 감사드립니다. 주신 기탁 장학금은 학업을 이어나가는 데 정말 큰 도움이 되고 있습니다. 진심으로 감사드립니다.

선생님께서 큰 도움을 주신 만큼 저 또한 다른 사람에게 도움을 줄 수 있는 일이 없을까 찾아보게 되었습니다. 그러던 중 학업의 의지는 있으나 학업의 기회가 부족한 중학생들의 학업을 도울 수 있는 프로그램을 찾게 되었습니다. 이후 프로그램 지원과 심사를 거쳤고, 이번 여름에 프로그램에 참여하였습니다.

이 프로그램은 삼성에서 주관하는 프로그램으로 전국의 대학교에서 진행되었는데, 저는 부산대학교에서 영어를 가르치며 중학생들과 생활하였습니다. 처음에는 관련 경험이 많지 않아서 어색했지만 곧 중학생들에게 영어를 가르치는 것, 마지막에 발표한 노래를 연습하는 것, 일과 후 기숙사에서 중학생들의 생활상담과 학업상담을 하는 것이 모두 즐겁게 느껴졌습니다. 중학생들이 계속해서 학업을 이어나갈 수 있도록 제가 조금이라도 도움을 줄 수 있다는 점이 굉장히 기뻤습니다. 프로그램 초반과 마지막에 실시한 평가를 비교했을 때 중학생들의 영어 실력이 향상된 모습과, 프로그램 기간 동안 중학생들이 자신의 목표를 생각해보고 학업에 대한 마음가짐을 다지는 모습 그리고 공부를 어떻게 해야 하는지 익히는 모습을 보며 뿌듯함을 느낄 수 있었습니다. 또한 프로그램 마지막에 "공부를 열심히 하여 나중에 선생님(저)처럼 대학생 강사로 프로그램에 참여하여 다른 중학생들을 돕고 싶어요."라는 말을 들으니 이 프로그램에 참여하길 잘 했다는 생각이 들었습니다.

이렇게 다른 사람을 돕는 것이 이어진다면 분명히 더 좋은 세상이 만들어질 것이라고 생각합니다.

프로그램을 통해서 학생들뿐만 아니라 저 또한 많은 것을 얻을 수 있었습니다. 공부 외에도 발표회 준비, 특강 수강, 행사 참여 등으로 많은 일정이 있어 혹시 중학생들이 중도포기하지 않을까 걱정이 되었지만 의지를 가지고 끝까지 보람찬 시간을 보내는 중학생들을 보면서, 저 또한 제 목표를 위해 의지를 가지고 나아가야겠다는 마음가짐을 다질 수 있었습니다.

또한 제가 소속된 반에 배정된 10명의 중학생들을 학업과 생활 측면에서 이끌며 리더가 어떻게 행동해야 하는지도 조금이나마 배울 수 있었습니다. 목표를 위해서 구성원들이 과업을 수행하도록 하는 것과 구성원들이 바라는 것을 할 수 있도록 해주는 것 사이에서 균형을 맞추어야 한다는 것도 느낄 수 있었습니다.

이 외에도 다른 대학생 강사들 그리고 프로그램의 진행을 도와주셨던 많은 분들과 함께 '중학생들이 프로그램 이후에도 자신의 목표를 향해 나아갈 수 있도록 한다'는 같은 목표를 가지고 일하면서 협동에 대해서도 많은 것을 느낄 수 있었습니다.

여러 사람이 함께 움직이다 보니 맞지 않은 부분과 매끄럽지 않은 부분이 있을 수 있지만, 자신에게 없는 장점이 다른 사람에게 있음을 알고 서로의 장점을 살리고 단점을 보완한다면 혼자서는 할 수 없는 일을 해낼 수 있을 것입니다. 이 프로그램을 통해 중학생들에게 도움을 주고, 저도 많은 것을 배우고, 좋은 사람들을 만나게 되어 이번 여름에 보람찬 시간을 보낼 수 있었습니다.

저는 학교를 졸업하고 선생님처럼 공직에 몸담고 싶습니다. 많은 사람들에게 도움이 되는 일을 할 수 있다는 점이 좋기 때문입니다.

이를 위해서 공직에 진출할 수 있는 방법을 찾다가 고시를 통해 공직에 진출하는 법을 알게 되었습니다. 그 중 예전에 기술고시라 불리었던 5급 공채 기숙직렬에 관심을 가지게 되었습니다.

저는 환경부에서 일할 수 있는 환경직렬에 응시하려고 합니다. 환경의 중요성이 점점 커지고 있는 만큼 사람, 동물,

환경이 하나로 연결되어 있다는 one health의 생각을 가지고 환경부에서 수의사로 일한다면 많은 사람들에게 도움이 되는 일을 할 수 있을 것 같습니다. 수의사의 시각을 가지고 환경 관련 행정업무를 수행하고 환경 정책을 마련한다면 많은 사람들에게 도움이 되는 일을 할 수 있을 것 같습니다.

이를 위해 수의과대학 공부 외에도 고시 공부를 따로 해야 하는데, 수의과대학의 공부량도 많은 만큼 시간을 확보하는 것이 중요할 것입니다. 이번 여름에 프로그램에 참여하면서 규칙적인 일정에 맞춰 생활하는 것이 사용할 수 있는 시간이 확실히 많다는 것을 알게 된 만큼 의지를 가지고 규칙적으로 생활하면서 목표를 이루기 위해 꾸준하게 나아가려고 합니다. 수의과대학 공부와 병행하는 것이 분명 쉬운 일이 아니고 결과 또한 어떻게 될지 모르나 도전해보고 싶다는 생각이 듭니다.

졸업까지 3년 반 남았고, 졸업 후 병역 이행 기간까지 합하면 6년 반이 남았는데, 이 기간 안에 성과를 내면 좋겠습니다.

예전에 행정고시라 불리었던 5급 공채 행정직렬에 비해 기술직렬은 정형화 된 준비과정이 있지 않은 만큼 어느 정도 정보를 모으고, 지필고사를 위해 책과 여러 자료들을 보며 혼자서 공부해나가야 할 것 같습니다.

앞으로 규칙적인 생활을 통해 시간을 확보하여 수의과대학 공부도 소홀히 하지 않으면서 고시공부를 해나가겠습니다.

더운 여름 날 힘든 일정을 끝까지 따라와 준 중학생들을 생각하며 의지를 가지고 나아가겠습니다.

곧 있을 한가위, 풍성하게 보내시길 바라면서 이만 줄이겠습니다.

선생님 감사합니다.

안녕히 계십시오.

2016.

경북대학교 수의학과 본과

1학년 **방 승 민** 올림

이진술 선생님께

안녕하세요, 이진술 선생님.

지난 5월 경북대학교 수의과대학 동창회 정기총회에서 기타장학금을 받은 14학번 방승민입니다.

9월에 보내주신 『흙 속의 솔바람 소리』 수필집을 그동안 읽어보았습니다. 수필집을 제게 보내주셔서 진심으로 감사드립니다. 선생님께서 쓰신 진솔한 수필을 읽으니 최근 지쳐있던 제 마음이 평안해졌습니다.

그간 지식을 전달해주는 글들만 읽어 언제 마지막으로 수필을 읽었는지조차 기억이 나지 않았는데, 선생님께서 쓰신 진솔한 수필을 읽게 되어 매우 반갑고 기뻤습니다. 저는 지식을 전달하는 글들만 읽고 있으면서도 이를 인지하지 못하고 있었습니다. 이러한 글들만 읽으니 사람들의 이야기와 경험에 대한 바람이 계속 있었는데, 수필을 읽겠다는 생각은 하지 못했습니다.

하지만 선생님께서 수필집을 보내주시고 이를 읽음으로써 사람들의 이야기와 경험에 대한 바람을 수필을 통해 채울 수 있다는 것을 깨닫게 되었습니다. 사람들의 이야기와 경험을 계속 바라왔던 이유는 제가 사람에 대해 많은 관심을 가지고 있기 때문일 것입니다. 저는 새로운 사람을 만나 친구가 되는 것을 좋아하고 지인들을 만나 그동안 경험했던 일들을 듣는 것 또한 좋아하며 친분이 없는 사람의 삶의 이야기를 듣는 것도 좋아합니다. 따라서 수필이야말로 제가 가장 흥미 있어 하고 좋아하는 글일 수 있는 것입니다. 최근까지 이를 깨닫지 못한 것이 안타까운 따름입니다.

수필은 간접경험을 하게 해줍니다. 『흙 속의 솔바람소리』 수필집을 읽으면서 선생님께서 경험하셨던 일들을 간접적으로 체험할 수 있었고 이를 통해 마음가짐을 새로이 할 수 있었습니다. 선생님께서 어려운 환경에서도 학업에 정진하신 것을 통해 저 또한 학업에 정진해야겠다는 마음가짐을 다시금 떠올릴 수 있었고, 선생님께서 수의사로서 보람찬 공직생활을 하신 것을 통해 저도 많은 사람들에게 도움을 주는 일을 하고 싶다는 마음가짐을 상기할 수 있었습니다.

제가 수의과대학에 진학한 것은 많은 사람들에게 도움을 주겠다는 이유가 가장 컸습니다. 저는 수의사로서 공직생활을 하며 수의학이 필요한 분야에서 많은 사람들에게 도움을 주는 것을 꿈꾸고 있습니다. 그래서 선생님께서 쓰신 수필에 더욱 몰입한 것 같습니다. 30년 동안 공직생활을 하신 선생님께서 해주시는 이야기를 통해 저는 많은 것을 느낄 수 있었습니다. 그중 울릉도에서 약소를 수집, 반출하시고 사육지도 하시어 약소사업이 번창한 이야기를 통해 공직자 수의사의 보람을 간접 경험할 수 있었는데, 이는 제가 학업에 더욱 정진하여 선생님처럼 많은 사람들에게 도움이 되는 일을 하겠다는 열정을 더욱 키울 수 있게 해주었습니다. 이 열정을 꼭 간직하여 원하는 바를 이룰 수 있도록 하겠습니다.

혹여 이러한 열정이 약해질 때면 선생님의 수필집을 재차 읽으며 열정을 기억해 내 원하는 바를 이루어 나가는 데 흔들림이 없도록 하겠습니다. 이외에도 마음이 지치거나 조급해질 때면 언제라도 선생님의 수필집을 읽고자 합니다.

경북대학교를 졸업하시고, 수의사이시며, 30년 공직생활을 하신 선생님께서 경험하셨던 일들을 진솔하게 쓰신 이 수필집은 지친 제 마음에 활력을 불어넣어줄 수 있고 조급한 마음을 침착하게 해줄 수 있는 힘을 가지고 있기 때문입니다.

글에는 사람에게 영향을 줄 수 있는 강력한 힘이 있다고 생각합니다. 저는 이번에 선생님께서 쓰신 들을 읽으며 지쳐 있던 마음에 활력을 불어넣을 수 있었고, 수필에 대해 깨달을 수 있었으며, 학업에 정진하며 공직자 수의사로서 많은 사람들에게 도움을 주겠다는 마음가짐을 새로이 할 수 있었습니다.

이러한 좋은 영향을 줄 수 있는 글을 쓰시고, 또 보내주셔서 진심으로 감사드립니다. 이러한 좋은 영향을 바탕으로 앞으로 꾸준히 노력해 나가겠습니다. 선생님께 항상 건강과 행복이 가득하시길 바랍니다. 안녕히 계십시오. 이진술 선생님 감사합니다.

2012년 11월 16일

방 승 민 올림

방승민 군에게

하기방학을 이용하여 삼성클래스 여름캠프에 대학생 강사로 20여 일 참여하여 활동인증서를 받고 우수강사상을 수상한 방승민 군에게 찬사를 보냅니다.

본과 공부도 벅찬데 20여 일 동안 중학생들에게 영어를 가르치고 봉사한 것은 참으로 장한 일이다. 사회의 좋은 경험을 쌓았다고 생각한다.

앞으로는 그냥 쉽고 편하게 이진술 선배라 부르고, 나는 방승민 군 혹은 후배 방승민 군이라 부를까 생각한다. 양해 있기를 바란다.

앞으로 진로문제에 대하여는 방 군이 생각한대로 목표를 설정하고, 세부계획을 세워 차근차근 미리부터 준비해야 한다. 기술고시(5급), 환경분야 대해서 기초조사를 철저히 하기 바란다.

고위직 공무원이 되려면 영어 실력이 남보다 뛰어나야 한다. 인생에 있어서 한 단계 점프하려면, 고시보다 빠른 길은 없다.

건강유지를 위해 체력단련을 해야 한다. 휴식시간을 잘 활용해서 하루에 30분에서 1시간정도라도 운동기구를 활용하거나 맨손체조 등을 해서 장기전에 대비해야 한다.

그리고 도서관에서 법대 행정고시생들과 어깨를 겨루며, 도서관 이용시간을 늘려야 한다.

세상이 살기 어렵고 힘들다고 하지만 노력하는 자는 반드시 승리한다. 의지력이 강한 자는 목표를 달성한다.

나는 구시대의 사고방식을 가지고 있어 현시대에 맞지 않는 생각일 수도 있다.

항상 열심히 노력하는 승민 군의 앞길에 영광이 있기를 기원한다.

2016. 9. 21.

이 진 술

방승민 군에게

반갑다.

건강히 학교생활을 잘하고 있다니 참으로 장하다.

방 군은 남과 소통을 잘하고 교우관계가 좋을 것으로 사료된다.

건강과 공부는 같이 간다.

꿈이 있는 자는 반드시 이룩한다.

추석 잘 쇠고 계속 노력 정진 바란다.

안녕!

2018. 9. 23.

어느 선배가 축원 보낸다

안수환 님께

입춘이 지난 지 며칠 되었습니다. 그동안 안녕하셨습니까?

안 과장님! 저의 딸 혼사에 참석해주신 성의 진심으로 감사를 드립니다.

제가 현직에 있을 시 수의학과 연구원에 들리면 동문들의 따스한 영접과 열심히 학문에 정진하는 분위기에 늘 감동했습니다. 평생을 한 분야에서 수의학을 연구하는 모습이 훌륭하게 느껴졌습니다. 저는 늦게 가축위생분야에 들어왔지만, 기초가 없어 깊이 있는 연구를 할 수 없음이 애석했습니다.

1999년 12월 28일에 정년퇴직을 했습니다. 지금은 대구향교에서 고전을 배우고, 수지침을 익히고, 등산을 하며 즐겁게 지내고 있습니다. 이제 시간 보내기에 대해서는 어느 정도 이력이 났습니다. 그간 안양 연구원에 계시는 동문들의 많은 도움을 받았습니다. 그 덕분으로 무사히 정년퇴직을 할 수 있었습니다. 최상호 부장, 김재학 · 김기석 과장님께 안부 전해주십시오.

안 과장님! 항상 건강하시옵고 가정의 평화를 기원합니다.

안녕히 계십시오.

2000. 2. 4.

이 진 술 드림

벗, 여금수

온천지에 번지는 아카시아 꽃향기가 그리워지는 계절이다.

외출준비를 하고 있다.

완전하지는 않지만 가벼운 운동은 할 수 있단다. 꼭 2개월 반이 지나갔다. 어찌 보면 허송세월이라고 생각할 수 있지만 소득도 있단다. 반드시 두 번째 수필집을 가을쯤 출간하려고 다짐한 일이다.

세상은 비록 돈과의 싸움을 하고 있지만 지금 나는 형제간의 우애를 중요시하며 깨끗하게 살고 싶다.

정과 아름다운 사랑이 그리워지는 5월이기도 하다. 그동안 위로가 되어준 마음의 글 감사하게 생각한다.

발이 완전해지면 무엇부터 먼저 할까?

범어운동장을 실컷 돌고, 범어동산을 여러 바퀴 돌고 싶다. 그리고 아카시아 향기에 푹 파묻히고 싶다. 올봄 허송세월 보낸 것이 아쉽기도 하다. 그래도 주위를 돌아보면 우리는 행복한 사람이라 자부하게 된다.

집안의 많은 일 처리하느라 노고가 많다.

곧 범어동산에서 만나자. 안녕, 안녕, 안녕.

2012. 4.

해천 **이 진 술**

이진술 선배님께

이 선배님 보내주신 수필집 『흙 속의 솔바람 소리』 잘 읽었습니다.

특히 「수의사의 변」 「반려동물」 등을 감명 깊게 잘 읽었습니다.

진실한 삶과 평화로운 삶에 감동했습니다.

항상 건강하시옵고 가정의 평화를 기원합니다.

2012. 7.

대구대교구 가톨릭수의사 회장 **오 규 실** 드림

지금도 그 겨울을 잊지 못한다

-윤영출 님께

윤영출!

이 다정한 이름을 고교 졸업한 지 40여 년이 지나서야 불러보았다. 너의 떨리는 음성을 듣고 그때 야간부 학창생활의 뜨거운 우정을 확인할 수 있어 정말 반갑다.

기나긴 세월동안 사모님도 여러 자녀들도 모두 건강하고, 가정의 평화와 번영을 기원한다.

참다운 우정의 뜻으로 깊은 이해를 바란다. 비록 희미한 전깃불 아래에서 공부를 했지만 불타는 정열로 배우기 위해서 전심전력을 기울였던 우리의 Y고등학교 야간부 학창생활! 1957년 3월 입학식, 전깃불은 어두웠고, 지금처럼 전기 사정이 좋지 않아 자주 정전되었다. 원동기로 발전해서 전깃불이 다시 켜지면 공부를 했다. 컴컴한 교실에서 5~10분을 전깃불을 기다리며 아까운 시간을 소비하기도 했다. 겨울 날 찬바람이 마룻바닥에서 솟아오르는 그 교실에서도 우리는 실망하지 않았다. 고등학생이 되었다는 기쁨으로 충만하였다.

졸업한 지 40년의 세월이 흘렀다.

우리들의 영원한 향수 Y고등학교 야간부 교실은 그래도 우리의 꿈을 키워 준 요람이었어.

오늘 저녁 너의 떨리는 음성, 옛 우정을 잊지 않고 찾아준 너의 성의, 세상의 모든 것이 변하고 바뀌었다고 해도 여전한 우리의 옛 우정, Y고등학교 야간부 교실에서 다져진 우정은 변할 수 없다고 생각한다.

모진 세월에 시달려 살기가 바빠서인지 모르나 우리 모두 고교시절의 그 뜨겁고 정열에 불타던 우정을 생각하면 두절된 시간이 너무 길지 않았나 싶은 안타까움이 앞선다.

그것은 누구의 잘못도 아니다.

우리는 너무 가난하고 외롭고 서럽게 태어났다. 세파에 시달리고 적응하다보니 이렇게 40년이 흘렀다. 유수 같은 세월에 놀랄 뿐이다.

윤영출!

지난 세월은 다 잊어버리자. 남은 세월 얼마나 보람을 갖고 우정을 돈독히 하며 건강하게 살아가 하는 일만 남아있다. 전깃불 아래서 청춘을 불태웠던 그 향학열과 의지 투지만은 그 누구보다 강하고 힘이 있지 않았던가.

나는 99년 말 대구시청에서 30여 년 간의 공직생활을 마감했다. 지금은 등산을 하며 건강을 다져나가고 있다.

1957년 어느 겨울날을 잊지 못하고 있다.

학원가는 시간은 매일 새벽 5시였다. 나는 시계가 없어 대충 시간 짐작하여 학원엘 가곤 했는데, 어느 날은 학원 간다고 나선 시간이 밤1시였다. 본의 아니게 통금시간을 위반하여 파출소에 가서 진술서를 쓰고 겨우 훈방조치 되었다. 하는 수 없이 대명동 집으로 와서 날이 새기를 기다렸다가 다시 학원에 갔다.

시계가 없으니 공부시간을 정확히 정할 수도 없었다. 당시 너는, 낮에는 남의 점포에서 시계수리를 하는 점원으로 일하고 밤에는 나와 같은 반에서 공부하고 있었다. 자네가 내 딱한 사정을 듣고, 손목시계는 가격이 비싸서 그냥 줄 수가 없다면서 긴 끈이 달린 회중시계를 하나 줬다. 그래서 그 시계를 포켓에 넣고 다니며 요긴하게 활용하였다. 그때 받은 회중시계가 모양새는 좋지 않았으나 시간만은 정확해서 나에겐 스위스제 로렉스 시계보다 더 좋았고 기분도 좋았다.

지금도 시계를 보면 그때 회중시계를 준 네 생각이 난다. 내 어찌 자네의 고마운 정을 잊을 수 있나.

나는 성공이나 출세와는 거리가 먼 사람이다. 정직과 성실을 인생의 목표로 삼았지만, 늘 성공이나 출세는 비켜가기만 하더라. 늦게 문단에 나와서 글을 쓰고 있지만, 이 역시 잡문 수준이라네.

나의 인생행로에 눈곱만큼이라도 성공한 일이 있다면 그것은, 냉기 솟아오르는 마룻바닥 교실에서 추위를 참고 희미한 전깃불 아래서 너의 회중시계를 보며 열심히 공부한 Y고등학교 야간부 교실에서 터득한 인내력이라고 생각한다.

윤영출!

참다운 우정은 10년이 가도 100년이 가도 역시 변하지 않는다. 그저 자주 못 본 아쉬움만 남을 뿐이다.

이제는 주소도 알고 전화번호도 알았으니 항상 보고 싶을 때 전화하면 될 것 아닌가.

이제 우리가 할 일은 건강하고 즐겁게 살아가는 일뿐이다.

가정의 평화와 온 가족의 건강을 기원한다.

자주 전화하자.

반갑다! 안녕!

2000년 11월 5일

대구에서 **이 진 술**

이철순 형 영전에

친우의 부음을 듣고 온종일 서성대며 적료감에 휩싸여 아무 일도 할 수 없었다. 누구한테 한 대 얻어맞은 듯 멍하니 정신없이 서 있기도 했다.

이철순 형을 마지막으로 본 것은 금년 1월 경수회 동기 모임에서였다. 언제 보아도 힘이 펄펄 넘치는 (전)경수약품사장 이철순.

재학시절 씨름으로 몸을 단련하였고, 등산도 열심히 했기에 동기생 누구나 부러워하는 튼튼한 몸을 갖고 있었다. 동기생 끼리 산을 오르면 10~20m는 항상 앞서 갔다. 경수테니스, 경수골프회의 주된 멤버로서 공을 열심히 친 그런 이철순 사장이 아닌가!

이 사장의 운명은 아무도 예측하지 못했다. 며칠 전 받은 건강검진 종합소견도 양호하였다고 했는데…… 그런 형이 우리의 곁을 떠났다.

인간은 회자정리요 생자필멸이라고 하지만, 형의 갑작스런 이승 하직에 두 손을 놓고 망연자실할 뿐이다.

이철순 형!

마지막 보았을 때의 얼굴이 스친다. 언제나 당찬 모습으로 경수회 분위기를 웃음으로 이끌어가던 철순 형!

이제는 그 웃음 그 음성을 다시 들을 수 없음이 한없이 서럽습니다.

이철순 형은 칠곡 동명 출신으로 향년 79세로 이승을 마감한 수의사요, 30여 년 간 농협에서 봉직한 지점장이었습니다 또 한때는 어려움에 처한 경수약품 사장에 취임하여 정상 궤도에 올려놓는 수완을 발휘하기도 했습니다.

그는 언제나 따뜻한 벗이요, 동료였습니다. 평생을 근면성실하게 노력한 결과 자녀 교육에도 성공하여 1남2녀 모두가 가정과 사회에서 제 몫을 다하는 자랑스런 자녀들입니다.

영구차를 따라 장지로 향하는 우리 수의학과 동기들의 마음은 천길만길 낭떠러지로 떨어지는 기분입니다.

영원히 못 돌아올 길을 떠난 철순 형!

우리는 영원히 그대를 잊지 못하여 시공을 초월한 50여 년 전 아름답던 학창시절의 정경을 떠올리지만, 왜 그런지 정신이 산만하고 울화가 치밀어 올라 견디기 어렵습니다. 도로를 오가는 사람마다 춥고, 슬픈 모습으로 보입니다. 우리도 언젠가는 저 세상으로 간다는 사실을 압니다.

산새들이 노래하는 팔공산 어느 자락 양지바른 곳에서 불교식으로 모든 장례예식이 거룩하게 엄수되었습니다. 스님께서 치성으로 드리는 예불과 목탁소리는 극락세계로 향하는 전송곡으로 들립니다. 미리 파놓은 한 평 남짓한 흙구덩 속에 관을 내리는 순간, 모든 이들이 오열했습니다. 그런 가운데 촛불과 향은 유유히 하늘로 향했습니다. 관 덮개 위로 명

정이 깔리고 그 위를 부드러운 흙이 덮고…… 그리고 20여 분… 모든 것이 끝났습니다.

지금 그대가 고이 잠들어 있는 곳 봉분을 바라보며 깊은 생각에 잠깁니다. 그대가 가장 사랑하는 아내, 아들, 딸, 그대의 동기생들이, 그리고 평소 그대를 따르고 좋아하는 이들이, 아쉽고 서러운 정을 토로하며 마지막을 고하고 있습니다.

아! 그대여 잘 가십시오.

천국에서 편히 쉬소서…….

2018. 2. 20.

이 진 술

책을 받고, 해천 이진술 동문께

언제 봐도 정다움이 묻어나는 이진술 동문!

참 오랜만입니다.

수필집 『흙 속의 솔바람 소리』를 잘 받았기에 무척 기쁘고 감사한 마음 전합니다.

유수 같은 세월 참 빠르게 지나가는구려!

남의 일처럼 여겼던 70대 80대 나이가 숨차게 지나가니 정신이 어리삥삥하구려!

이러한 와중에 틈틈이 시간을 내서 이진술 생애 가까이에서 일어났거나, 일어나는 일들을 하느님의 은총을 받아 기리는 마음씨로 성실하게 글을 썼기에 잔잔하지만 큰 감동이 일어나는구려!

글 곳곳마다 이진술 특유의 순수함 그리고 다정다감함이 묻어나서 내내 흐뭇하게, 단숨에 읽었습니다.

이름도 들어본 적 없는 발가락 특이증으로 고통 받았다는 글 읽고 가슴 아팠습니다. 저도 어쩌다가 부루세라병에 걸려서 죽을 뻔 했습니다. 지독한 병을 앓고 난 후로는 건강이 이전만 못하여 문학으로부터 하차했습니다.

우리들의 건강이 바로 가족의 건강입니다. 건강에 유의하시길 바랍니다.

지독한 가난에 먹고 살아남기 위하여 뼈가 휘어지게 고생하셨던 지난 세월 우리들의 어머니! 어머니! 우리들의 어머니!

나는 양친이 85세 93세로 장수하셨는데도, 돌아가시고 나니 살아생전 잘해드려야 했는데, 잘해드린 것은 하나도 없는 것 같고 막심한 불효란 생각에 가슴 찢어질 것만 같았소.

돌아가신 이진술 님의 자당 고생담을 읽으면서 나의 어머니 고생하신 광경이 덧붙어져 눈물지었소.

논밭 열 마지기 받아서 분가한 나의 선고! 몇 년마다 닥치는 혹독한 흉년, 16년 아래 딸년배의 막내 누이동생을 둔 5남매 장남인 나인데, 첫째나 둘째가 딸이었으면 밥할 적에 불이라도 봐주련만 맨 다 사내자식이라, 마을의 공동우물에서 점심 새참 밥해서 들로 이고 들고 가랴, 늦게야 딸이 태어났으나 중고등학교 다니니 도움도 별로 안 돼. 게다가 선고께서 놀기 좋아하시니…

언젠가 KBS TV '명사와의 대담'에서 본, 어쩌면 이진술 님 자당과 비슷한 기막힌 사연!

그 명사 어머니께서 여섯 살 아들과 세 살 누이동생 남매를 두었는데, 아버지 돌아가셨으니 어머니 새우젓 장수로 포항어시장에서 양철통째 새우젓 사서 머리에 이고 머나먼 사난벽지, 물 건너고 고개 넘어 어디 안 가본 곳이 없어. 현금 아닌 곡식으로 주니 그것 또한 무거운 짐.

며칠 또는 1주일 여 만에 돌아오는 그이 어머니는 돌아올 때 눈깔사탕! 그러나 기막힌 슬픔을 가슴에 안고서 먹고 살기 위해 다시 떠나야 했던 것.

세 살배기 딸을 어느 집에 맡겨두고 장사 떠났는데, 5일 만에 돌아와서 딸 데려가려니 딸이 죽었단다. 순간 앞이 캄캄 하늘이 무너지는 것 같아 기절!

사연인즉, 아이가 엄마 떨어지면 우는 것은 당연한 일, 그러나 그 울음 끝나지 않고 이틀사흘 물 한 방울 아무것도 먹지 않고 이러하니 어찌할 수 없었는데, 놀랍게도 사흘 만에 죽었다고. 어머니 행선지 몰라, 통신시설 없고 시신을 본가에 갖다 놓으려 해도 6살 아이가 놀랄 것이라, 엄마 올지 모르고 할 수 없이 산에 가매장할 수밖에 없었다는 것.

어머니 땅 파서 싸늘한 딸 시신 꺼내 붙들고 통곡을 했다네.

그러고도 하나 남은 아들 교육을 위하려 새우젓 장수 계속함에 아들은 어머님 고생 더 볼 수 없어 상경. 서울서 신문배달 등 안 해 본 것 없었다오. 먹는 문제는 빵이나 짜장면 사먹으면 되는데, 자는 숙소가 문제. 할 수 없이 선생님도 학생들도 모르게 교실에서 자고 지내는데, 한 번은 늦잠을 자고 있는데 담임 선생님(女)께서 일찍 출근하여 교실을 둘러보다가 학생을 발견하고 아연실색!

사연을 물어본 즉 아! 그랬구나! 담임 선생님께서도 눈물을 흘리시더니 이불을 사다 주시더라고.

소설 같은 이 이야기가 실제로 있었던 사연이니, 바로 현재 국회부의장인 새누리당 이병석(포항 북구)이시다.

TV 보면서 나도 눈물을 흘렸습니다. 이병석 국회의원의 오늘이 있기까지 그 모든 영광은 자기 어머니와 그때의 담임 선생님이었다고 합니다.

이번 국회의원 새누리당 당선자 중 방송통신대학 출신이 10여 명이나 되는데 이 의원은 이명박 대통령과 동향, 절친한 관계임에도 4선 국회의원 생활동안 한 번도 비리에 연루된 것이 없으니 이진술 님처럼 가진 것 없어도 얼마나 청렴 정치인임을 읽을 수 있겠소.

나는 방송 시청하기 전에는 이병석이란 사람 전혀 몰랐습니다.

아하! 헐벗고 배고팠던 그 시절 우리들의 어머니! 어머니!

그것을 가난해결사 박정희 대통령 정말 위대하고 고맙습니다.

2012. 7. 6.

상주 함창에서 동문 **임 인 호** 드림

동창 진술 선생께

삶이란 정말 좋은 것!

간경화로 죽음 앞에까지 갔던 나. 간이식이란 대수술 끝에 살아나 수많은 고통과 서러움 외로움을 딛고 이젠 누구와도 어울릴 수 있고 긴 여행도 할 수 있고 맛있는 음식도 마음대로 먹을 수 있으니 이 얼마나 영광이고 하느님께 감사한 일인지 모른다. 모든 것이 아름답고 감사하고 즐겁고 행복하다.

얼마 전 58년 전 옛날 친구들과의 만남은(5. 18) 그 동안의 외로움을 잊게 해주고 즐거움과 한없는 행복을 주었다. 무엇보다 생활 속에서 하찮은 오해로 서로 서운해 하고 외면했던 일들을 풀 수 있는 기회가 되어주어 제2의 인생에 큰 의미를 주었다고나 할까?

다시 살아나 건강하게 삶을 살게 된 것은, 하느님께서 이 생에 맺힌 모든 오해와 불편했던 일들을 다 지우고 깨끗하고 밝은 삶을 살다 가라고 나에게 준 너무나 큰 선물이라고 생각한다.

그래서 이번 대구행으로 새삼 깨닫게 된 너무나 고마웠던 친구를 생각하며 혼자 미소 짓고 즐거워한다.

삶에 대한 애착도 다시 갖게 되었고 무리하지 않으면 무슨 일이든 즐겁게 할 수 있음에 하느님께 진심으로 감사하며 오늘도 즐거움과 가벼운 마음으로 친구들을 만난다.

2009. 8. 20

대구 다녀와서

아름다운 미소를 다시 찾은 **충 현** 씀

이진술 동창에게

친구! 잠시 시간 내어 읽어보오.

70년이란 세월을 살면서 괴로운 일 기쁜 일들 속에서 어느덧 노년을 보내며 잠시 과거(소년, 중년)를 곰곰이 생각하며 되돌아보는 나, 너무나도 큰 고통 속에서 다시 살아나 재생의 길을 걷는 나…….

남의 고통이야 자기 손가락에 가시 박힘만도 못하게 생각하는 세상이지만 이 각박한 세상에 살면서, 이해와 용서와 사랑으로 사는 삶이야말로 진정 아름다운 삶인지라 세상 살아온 보람이 있다고 생각하오.

젊음의 열정 속에서 남부럽지 않게 열심히 살아온 나였지만 그 세월 속에 어찌 실수야 없었겠어요.

그러나 뉘우치고 반성하고 또한 잘못된 생각과 오해하는 이들은 만나서 대화로 풀고 서로 이해하고 용서하고 사랑할 수 있는 마음으로 남은 인생을 살아가려고 하는 부족한 나지만 그것을 받아주지 못하는 이는 어떻게 해야 할까요?

나 충현이 젊은 시절 너무나 힘든 일을 하면서도 손가락질을 받고 싶지 않았기에 반듯하게 열심히 살았다고 생각하고 있지만, 남들의 오해와 잘못된 인식 속에 살았던 것 같소. (소수이겠지만)

그 순간 간경화라는 무서운 친구를 만나 나 자신 감정을 억누르지 못하고 괴로움과 서러움 속에 몸부림치기도 했소. 그 고통 극복하고 10년이란 세월… 무척 힘들게 살아왔지만 이젠 캄캄한 터널을 해치고 나와 다시 환한 빛을 볼 수 있기에 모든 것이 아름답고 신기하오.

미움에서도 서러움에서도 벗어나 누구든 이해하고 용서하고 사랑하며 밝게 살게 해주신 하느님께 감사하며 열심히 살고 있소.

친구는 글 쓰는 이로서 다른 사람도 잘 이해할 수 있으리라 생각하며 몇 자 적었다오.

잘못 되었다면 용서하오!

2009. 4. 28.

분당에서

못난 친구 **배 데레사**로부터

이진술 선생 보세요

여러 번 책을 받아보고도 인사 늦어 미안하다.

수필을 읽어 볼 때마다 이 선생님 모습은 초등학교 시절의 모습 그대로였다.

그간 별고 없겠지.

바쁜 생활에도 불구하고 책을 보내주어 감사하다.

세월이 하루하루 가도 일상은 변함이 없구나. 나는 하는 일이 아무것도 없어.

이 선생은 언제나 봉사정신이 넘쳤고, 참 아름다운 생활을 향해 걸어간 사람이지.

이 선생이 훌륭하고 유명한 수필가가 되기를 진심으로 바란다.

아무쪼록 고마워요.

동기로서 만날 때까지 안녕.

2002. 11. 26.

Bae, (young ja)

이 선생님 보아요

또 한 해가 지나가고 있네.

우리의 모습은 낙엽과 같지.

수필집 보내주어 정말 감사해.

올해에 피고 진 아카시아 꽃과 잎들도 이젠 이 선생의 동심으로 들어가 마음 속 깊이 간직되겠지.

오월이면 항상 좋아하는 아카시아 꽃이 피고 구월이면 메밀꽃이 피지만 나의 마음은 구름처럼 사라지고 때로는 우리집 전화번호도 몰라.

이 선생님은 남들보다 배려하는 마음이 크고 많다는 잘 앎고 있다. 항상 따뜻한 마음, 정말 좋은 친구야.

좋은 친구, 만나서 대화하자.

만날 때까지 안녕.

2006. 12. 26

Bae Y. J

이진술 형께

『산문과 시학』을 보내주어 감사하네.

책도 잘 읽고 있다네.

새해 건강과 행복을 축원하면서 아울러 많은 작품 만들어 주소서.

2001년에는 자주 연락하겠네.

행운을 빌면서…….

2001. 1.

이 원 호 배상

이진술 과장님께

그동안 베풀어 주시고 보살펴 주신 은혜에 새삼 감사드립니다.

새해에는 더욱 건강하시고, 가내 행운이 가득하시길 바라옵니다.

새해 복 많이 받으십시오.

1999. 12. 1.

조재근 조유정 김경희 김환득 올림

심공 장희도에게

그간 별고 없이 잘 지내고 있는가? 가족들도 잘 있겠지?

무소식이 희소식이라는 말이 있지만 우리 사이엔 적절치 않다고 생각한다. 모진 세월에 시달려 살기가 바빠서인지 모르나 우리 모두가 고교시절의 그 뜨겁고 정열에 불타던 우정을 생각하면서 건강하게 살면 되지 않겠나.

유수 같은 세월에 이룬 것 없이 회갑을 맞이하는 나이가 되었으니 빠른 세월에 그저 놀랄 뿐이다. 나는 지금 공무원 공로연수기간 중이다. 사무실에는 출근하지 않고 연말이면 자동 정년퇴임한단다.

전깃불 아래에서 청춘을 불태웠던 그 향학열! 그 끈기와 노력은 누구보다도 강하고 힘이 있지 않았던가.

하지만 심공과 나는 과거 노력에 비해 현재의 성취가 적지 않은가 하는 생각도 가끔 한다. 기술직의 한계를 실감한다.

그러나 어쩌랴! 시운과 황금운이 우리 곁에 있지 않으니 누구를 원망하겠는가.

앞으로 여생을 건강하게 열심히 살자. 자주 연락하자. 안녕!

1999. 10. 22.

이 진 술 드림

제4부

사랑과 겸손으로 은총의 열매가 영급니다

성직자 수도자와 주고받은 편지

Dear. 도밍고 형제님

그 동안도 잘 지내시지요?

지난 해, 더운 여름 대구의 큰 본당 삼덕동에서 특강 들으시고 주신 글, 제게는 아름답고 따뜻한 격려가 되었어요!

이번 6월에 구미 봉곡, 대구 고성+욱수성당 특강에도 어찌나 많은 분들이 오셨는지 적이 놀랐답니다.

하느님과 사람에게 사랑받는 기쁨을 다시 겸손하게 돌려드릴 수 있도록 늘 '선한 마음, 고운 말씨' 잊지 않고 살렵니다.

언제 부산 오실 일 있으시면 '해인글방'에서 차 한 잔 나누고 가셔도 좋아요.

주님의 은총 속에 늘 건강하심과 평화를 기원하면서 안녕히 !

2011. 6. 24.

치자꽃 향기 가득한 6월의 정원에서

이 해 인 수녀 드림

이진술 선생님

보내주신 귀한 저서 감사히 받았습니다.

요즘 제일 필요한 환경문제를 연구하시는 것도 무척 의미 있는 일이라 여겨집니다. 저도 기쁘고요.

늦게나마 새해 인사 올립니다.

앞으로도 아름다운 글 많이 보여주시길 부탁드립니다.

1996. 2. 7.

기도 안에서

이 해 인 수녀 올림

정 안젤라 수녀님께

범어성당 신자들을 위해 헌신적으로 봉사해 오신 수녀님께서 본당을 떠나시니 서운한 마음이 앞섭니다.

항상 깨끗한 성품, 밝은 모습으로 신앙심을 길러주신 안젤라 수녀님!

특히 저의 외손녀 남하은(모니카)이가 첫 영성체반 교리를 마치고 신앙의 뿌리를 튼튼하게 되었음을 감사드립니다. 그 애가 그 후 교육청 주관 영재반에도 선발되고 잘 자라나고 있답니다. 지금도 외손들 최진우, 최수연이 유치부에서 공부하고 있습니다. 수녀님의 훈육 말씀이 어린이들의 가슴에 남아 장래 열심한 신자가 될 것입니다.

먼 훗날 안젤라 수녀님께서 풍부한 은총의 열매를 맺으시어 훌륭한 수도자가 되시기를 기도드립니다.

항상 영육간에 건강하시옵기 바랍니다.

2012. 봄.

범어성당 **이 진 술**(도밍고) 드림

최경환(F 하비에르) 신부님께

정들었던 주임 신부님과 헤어지게 되어 섭섭한 마음 금할 길 없습니다.

주임 신부님께서 범어본당 발전을 위해 쏟은 열정, 강론을 통해 신자들의 가슴에 전해주셨던 복음 말씀은 영원히 잊을 수 없습니다.

100주년 기념 주교좌 범어대성당 건립을 위해 온 정열을 쏟아 부었습니다. 저는 대성당 준공식을 신부님과 함께 맞고 함께 기쁨을 누릴 것이라고 생각했습니다.

신부님과의 애석한 이별은 주님의 뜻으로 돌립니다.

제가 비교적 고령의 나이로 지역장을 역임하면서 신부님의 열정에 감읍되어 저의 식었던 신앙열기가 살아나게 되었습니다. 주임신부님께 감사를 드립니다.

신부님의 훌륭한 강론말씀을 다시 들을 수 없음이 서운합니다.

새 부임지 욱수성당에서도 항상 건강하옵기 바랍니다.

신부님, 기도 하겠습니다.

2011. 8. 21.

이 진 술(도밍고) 드림

이정우 신부님께

신부님, 그동안 안녕하셨습니까?

저희 가톨릭문학회를 지도해주시는 신부님 감사합니다.

이 신부님의 시집 『내 생애의 바닷가에서』를 잘 읽었습니다. 티 없이 깨끗한 사람과 대화를 하는 듯한 시를 읽고 내 마음도 다소 정화되지 않았겠나 하는 마음을 가져봅니다. 유년 시절, 고향, 지인 등 신부님의 추억을 읽고 잊고 있던 나의 고향도 다시 생각합니다.

존경하는 이 신부님, 항상 건강하시옵고 주님의 영광 듬뿍 받으시길 바랍니다.

신부님 안녕히 계십시오.

1999. 11. 20.

가톨릭문학회원 **이 진 술**(도밍고) 드림

이진술(도밍고)

한 알의 밀알이 되기 위해 나눔사업에 함께 하여 주신 이진술 평생회원님!

회원님의 도움의 손길이 소외된 이웃에게 큰 기쁨과 희망이 되었습니다.

감사의 마음을 담아 이 평생회원증서를 드립니다.

2015. 10. 30.

밀알회장 **이 정 효**(예로니모) 신부

이진술 회원님께

꽃동네가 꿈꾸는 세상은 '한 사람도 버려짐이 없는 세상, 모든 사람이 하느님같이 우러름을 받는 세상, 이웃을 내 몸같이 사랑하는 세상'입니다.

고마우신 이진술 회원님!

생신을 축하드립니다.

기쁠 때나 슬플 때나 한결같은 마음으로 사랑을 실천하고 계신 회원님을 기억하며, 좋은 일만 가득하시길 기도드립니다.

2016. 8. 꽃동네

기도 안에서 **오 웅 진** 신부 드림

이진술 님께

생활의 일부를 희생하시어 저희 SOS어린이마을 어린이들을 위하여 보내주신 사랑에 깊이 감사드립니다.

SOS어린이마을은 현재 세계 132여 국에 440여 개의 마을과 부대시설을 갖춘 아동복지단체이며, 우리나라에는 대구, 서울, 순천에 있습니다.

SOS는 Save Our Souls의 약자로 '우리들의 영혼을 구해주소서'라는 뜻으로 우리나라에 설립된 지 42년이 되었습니다. 42년 동안 800명의 어린이들이 건전한 사회의 일원으로 성장하였으며, 12개의 SOS시설에 326명의 어린이들이 어머니의 사랑과 형제자매의 관심 속에 잘 지내고 있습니다.

가까운 시일 내에 저희 마을을 한 번 방문하셔서 마을이 어떻게 운영되고 있는지 보시고 많은 격려와 사랑을 부탁드리며, 마을 안내서와 소식지 그리고 회원증을 보내드립니다.

처음의 시작이 영속적인 만남의 계기가 되길 바라며, 항상 건강하시고 댁내에 사랑과 평화가 충만하기 빕니다.

2006년 6월 20일

한국 SOS어린이마을 후원회 드림

고마우신 후원자 이진술 님께

"가장 보잘 것 없는 사람에게 해준 것이 나에게 해준 것이다"

후원자 여러분, 평안하신지요?

어느덧 한 해가 저물어가고 있습니다.

올 한 해 동안 여러분께서 보여주신 따뜻한 사랑과 나눔 덕분에 톤즈 공동체에는 귀한 사랑의 선물들이 계속해서 보 도착하고 있습니다.

올 한해는 6월에 의약품과 포클레인, 트럭, 뻥튀기 기계, 악기와 학용품 등을 가득 채운 컨테이너 3동이 톤즈로 전달되어 무사히 도착했고, 의료 봉사자와 건축 봉사자 파견과 한국으로 공부를 옴 톤즈 유학생들 지원 등에 소중한 후원금이 사용되었습니다.

또한 톤즈 초·중·고등학교에 장학금도 꾸준히 전달하고 있습니다. 태양광 발전기 수리와 장비의 추가설치로 톤즈의 학생들이 더 많은 전기의 혜택을 볼 수 있게 되었습니다.

컨테이너 안에 실어 보낸 모든 물건들이 우리들의 삶에는 평범하고 일상적인 것들이지만 그곳 톤즈에서는 삶을 변화시키고, 희망이 자라게 하는 기적이 되고 있습니다.

이 모든 일들을 후원회원 한 분, 한 분이 하고 계신 것입니다. 여러분의 사랑이 담긴 귀한 후원금으로 톤즈 공동체 어린이들의 희망이 자라나는 학교가 되고, 생명을 살리는 약이 되고, 꿈을 노래할 수 있는 음악이 되어 살아 움직이고 있습니다. 한결같은 마음으로 사랑 나눔에 동참해 주심에 진심으로 감사드립니다.

톤즈 공동체에 보낸 많은 선물 중에서 가장 귀하고 아름다운 것은 바로 후원인 여러분의 나눔의 마음일 것입니다.

앞으로도 후원인 여러분의 변함없는 관심과 사랑을 부탁드리며, 여러분의 정성이 톤즈의 꿈과 희망으로 자라날 수 있도록 최선을 다하겠습니다.

2018. 8

(사)수단어린이장학회 이사회 일동

제5부

가족, 그 뭉클하고도 따시한 끈

가족 간의 편지

나의 어머니

오늘은 5월 8일 어버이날입니다.

아침 일찍 거리에 나오니 카네이션 꽃을 가슴에 달고 즐거운 표정으로 오가는 사람들이 많습니다.

생전에 불효한 아들이었지만 어머니께서 영영 우리 곁을 떠난 지 15년이 흘러간 지금, 카네이션 꽃 달아드릴 어머님이 이 세상에는 계시지 않는다는 사실이 저를 슬프게 합니다.

스물여덟에 청상이 되어 의지할 곳 없었던 고독한 어머님의 생. 가진 재산도 없이 어린 아들의 손목을 잡고 밝은 달을 바라보며 앞으로 어떻게 살아갈 것인가 걱정하며 한숨과 눈물로 보냈을 그 모습을 생각하니 눈언저리가 뜨거워짐을 느낍니다. 청상의 슬픔을 어떻게 극복하셨는지 알 길이 없지만 어머님이 걸어오신 길은 바로 형극의 길이었습니다. 인생을 한창 꽃 피울 30대에 생을 마감한 아버지의 삶도 박복한 운명이었지요.

여덟 살의 형과 다섯 살의 나는 외롭게 세상에 내동댕이쳐져 어머니 한분만을 의지하며 바라보게 되었습니다.

아버지를 손수 땅에 묻으며 슬픔의 눈물을 많이 흘렸기에 주위에서는 어머니의 수절을 의심하여 바라보는 사람도 있었다고, 훗날 회고담으로 들려주셨지요.

그때부터 어머니의 생은 가난한 청춘을 청솔가지로 태우고 삭이며 눈물로 보낸 세월이었습니다. 평생 온갖 고통을 당하면서도 온 집안의 무거운 짐을 혼자 지셨으니 즐거운 날보다는 외롭고 슬픈 날이 더 많으셨을 것입니다. 어린 두 자식을 훌륭히 키우겠다는 일념으로 비단 장사를 비롯해서 된장, 참기름 장사, 꿀 장사 등 안 해본 도붓장사가 없었지요. 지금과 같이 교통이 편리하지 못했던 시기였기에 하루에도 수십 리를 짐을 이고 걸으며 전국 방방곡곡을 누비셨습니다. 멀리 강원도, 충청도, 제주도, 울릉도… 어느 골짜기 어느 섬지방이라도 물건이 잘 팔린다는 소문만을 듣고 찾아다니셨습니다.

하룻밤 잠자리를 위해 얼마나 사정하고 애원했겠습니까. 잠자리는 물론이고 식사인들 제때 할 수 있었겠는가 생각하면 가슴이 미어지는 듯합니다.

대구에서 20Km 떨어진 논공에서 새벽밥을 먹는 둥 마는 둥 하고는 머리에는 쌀 1말을 이고 비포장 자갈길을 걸으셨습니다. 오전 11시경 대구 큰장에 도착하여 이고 오신 쌀을 팔아 그 돈으로 생활용품을 구입하셨습니다. 집으로 돌아가는 길, 차비가 아까워 왕복 40Km를 걸어서 아낀 돈으로 아들의 책과 연필을 사고 월사금(지금의 수업료)을 내어주신 어머니.

6·25동란 시 공산군의 침범으로 낙동강 최후 방위선이 무너지고 고향마을은 인민군이 점령했습니다. 그런 상황에서도

굶주림에 허덕이는 두 아들을 위해 총알이 비 오듯 퍼붓는 고향마을에 혼자 가서 쌀 1말, 보리 1말을 머리에 이고 밤길 30리 산골짜기를 걷기도 하셨습니다.

어머님께서 도붓장사를 나가면 대개 한 달가량이 걸렸지요. 그동안 우리 형제는 자취를 하면서 학교를 다녔는데, 산에서 땔감을 해 와서 불을 땠습니다. 장사 나가실 때 쌀과 김치를 준비해 놓고 가셨지만 우리는 여름엔 손쉬운 수제비를 끓여먹었고, 겨울에는 김치 이파리에 쌀뜨물을 붓고 밥국을 끓여먹고 지냈습니다.

벽에 걸린 달력에 어머니께서 출발하신 날짜에 동그라미로 표시를 해놓고는 돌아오실 날을 손꼽아 기다렸습니다. 가장 즐거운 때는 어머니께서 가져간 물건을 다 팔고 돌아오시는 날이었습니다. 제가 좋아하는 구슬사탕과 공책, 연필을 사오시는 날이기 때문입니다.

저는 어머니가 없는 동안 보고 싶었던 심정을 종이에 적어 어머니께 읽어 드리기도 했습니다. 지금에 와서 생각해 보면 어머니에 대한 그리움을 표현한 일종의 편지라 생각됩니다. 초등학교 시절, 어머니 생각이 나고 함께 있고 싶으면 아침 일찍 일어나 부엌으로 들어갔습니다. 어머니는 덜 마른 청솔가지를 아궁이에 넣고 불을 지펴서 밥을 짓고 계셨습니다. 저는 어머니 곁에 쪼그리고 앉아서 함께 솔가지를 아궁이에 집어던졌지요. 매캐한 연기에 질식을 할 것 같으면서도 그 시간은 어머니를 독차지한 것 같아 가장 행복한 시간이었습니다.

어머니는 정규교육을 받은 적이 없었지만 서당에서 5~6명이 함께 한글과 붓글씨를 배웠다고 했습니다. 기나긴 겨울밤에는 우리에게 「유충렬전」「춘향전」「심청전」 등 고전소설을 읽어 주셨습니다. 고향 친구분들이 책을 읽어 달라고 졸라대면 어머니는 책을 읽고, 친구분들은 옆에서 즐겁게 듣는 광경도 자주 볼 수 있었습니다.

그 시절만 해도 시골에서 도시의 중학교에 진학시키는 일은 부잣집만이 가능했습니다. 더구나 대학까지 보내려하자 '어떻게 공부 시키려고 저러나' 하는 생각으로 모두들 의아해 했지만, 주위의 따가운 눈초리를 의식하면서도 저를 K대학에 보내주셨던 어머니…….

고향에 가면 "이 세상에 너의 어머니 같은 분이 또 있겠니." 하면서 모두들 어머니를 존경했습니다. 그런 어머니를 둔 자식으로서 제가 할 일은 무서운 의지력으로 악조건을 참고 견디며 열심히 노력하는 것밖에 없었습니다.

그러나 저는 어머니의 아들로서도, 한 인간으로서도 부족한 점이 너무나 많습니다. 늦게나마 문단에 나와서 글을 쓰게 된 것도 어찌 보면 상사하러 떠나고 없는 어머니에 대한 그리움과 고독, 그리고 「춘향전」을 비롯하여 고전소설을 자주 읽어주시던 어머니의 영향이라고 생각됩니다.

저는 '과부'라는 말을 가장 싫어합니다. 과부란 히브리말로 '냉가슴 앓는 벙어리'라는 경멸의 뜻을 포함하고 있습니다.

당연하게도 어머니에게 평생 동안 멍에를 씌운 과부란 말에 거부감이 앞섭니다. 과부의 자식인 제에게 설움과 원한의 소리로 들리기 때문입니다.

어머니가 가신 지 15년, 동안 성묘도 자주 못하였고 어머니를 위한 기도도 소홀하였지만 오늘은 생전에 저희 두 형제에게 뿌리신 큰 사랑이 더욱더 생각나 어머니를 추억하며 부칠 길 없는 편지를 씁니다.

어머님! 우리 어머님!

하늘나라에서도 평화를 누리십시오.

2012. 5. 8.

아들 **진 술** 드림

아버지

아버님! 돌아가신 지 65년 주기를 맞았습니다.

아버지가 계시지 않는 세상, 늘 아버지에 대한 그리움과 함께 왜 그리 일찍 가셨는지를 생각하면 한으로 남아있습니다. 아버님께서 조금은 더 오래 사셨다면 어머님의 양 어깨가 조금은 가벼워졌을 것입니다.

남들이 아버지라고 부르는 그 한 마디가 저는 서러움으로 들립니다.

5살에 아버지를 여읜 저는 아버지에 대한 뚜렷한 기억이 없습니다. 아버지의 무릎에 앉아본 기억 한 토막과, 황소는 성질이 사나워 사람을 뜨니까 나중에 성질 고운 암소를 사주겠다 하셨던 그 한마디가 저의 기억 속에 남아 있을 뿐입니다.

제가 어머니의 피나는 노력으로 고향마을에서 제일 먼저 대학에 들어갔을 때, 그 기쁜 마음을 아버지께 전하고 싶었습니다.

보름 있으면 아버지의 기일입니다.

고향에 계시는 형님 곁으로 가서 아버지의 기일을 정성스럽고 참된 마음으로 모시고자 합니다.

하늘에 계신 아버님!

저도 아버지의 훌륭한 뜻을 받들어 열심히 살아가겠습니다.

아버지 편히 계십시오.

2008. 3. 29.

아들 **진 술** 올림

사랑하는 당신께

우리가 처음 만난 것은 1970년 1월 하순 겨울방학이었습니다.

당신의 먼 친척이며 저의 수의학과 대선배이기도 한 S씨의 소개로 만났습니다. 저는 그때 K도청에서, 당신은 C초등학교에서 근무를 했습니다.

당신을 처음 만난 후 저는 당신께 열심히 편지를 보냈습니다. 점심시간을 이용하여 매일 K도청에서 중앙통 대구 00우체국까지 가서 편지를 부치고 곧바로 도청으로 되돌아가면 점심시간이 끝날 시간이었습니다. 그렇게 점심을 수없이 걸렀지만 배고픔을 모르고 지냈습니다.

결혼 후 당신은 내가 보낸 70여 통의 편지를 정성스럽게 잘 정리해서 일일이 표지를 하여 다시 저에게 주었습니다. 저는 빛바랜 그 편지 뭉치를 소중히 간직하고 있습니다.

오늘 새로운 마음가짐으로 옛날 편지들을 다시 읽고 있습니다.

(아래 - 아내와 주고받은 편지)

十찬미예수

사랑하는 아내 마리아

오늘은 4월 18일입니다.

우리가 결혼한 지 많은 세월이 흘렀습니다. 지금부터 42년 전 1970년 4월 18일 대구 삼덕성당에서 강 신부님을 주례사재로 모시고 꿈과 희망을 안고 인생을 새 출발했습니다.

그동안 제대로 결혼기념일을 챙기지 못한 점 당신에게 용서를 빕니다.

아무것도 가진 것이 없었던 우리는 참 신앙인으로서 열심히 살 것을 다짐했습니다. 신혼살림은 내가 자취생활에서 쓰던 그릇과 당신이 자취하면서 쓰던 살림도구를 그대로 사용했습니다. 그 시절에도 요즘처럼 막 결혼하려는 우리 신혼부부의 발목을 '혼수'란 것이 잡았습니다. 저축한 돈이 많지 않은 우리는 혼수 때문에 골머리를 앓았습니다. 그래서 양가 어른들을 설득하여 아예 혼수를 없애기로 하였습니다.

제가 처가로부터 받은 것은 하복 양벌 한 벌, 신부에게 해준 것은 양장 한 벌과 신부 예복인 한복뿐입니다. 어른들의 이해 속에서 그렇게 간소하게 예식을 잘 치렀습니다. 그 대신 남은 양가 혼수 비용으로 대구 시청에서 처음으로 시행한 시영아파트를 사서 입주하게 되었습니다.

동료직원들 대부분이 전세나 월세로 집을 얻고 과대혼수로 결혼 후에도 그 비용을 갚느라 허리가 휘었습니다만 우리는 그런 고통을 아예 몰랐습니다.

우리가 반세기 전 혼수비용을 없애기로 했던 결정을 지금 네 딸을 출가시키면서 모두 그대로 적용했습니다.

항상 근검절약 정신으로 살아오신 당신!

이제 정년퇴직도 했고 아이들 혼사도 끝났으니 당신 자신의 몸을 돌보고 휴식을 취할 시기임에도 불구하고 이제는 손자들의 뒷바라지로 여생을 보내고 있습니다. 당신은 애써 가꾼 옥상의 배추, 상추, 고추 등 모든 채소로 이웃과 자식들에게 나누어줍니다. 또한 당신 덕분에 가을까지 온 집안이 꽃향기로 가득합니다. 주렁주렁 달린 석류, 동이감이 풍성한 계절의 정취를 보여주고 있습니다.

당신은 내가 아는 이 세상 모든 여인 중에서 가장 부지런하고 열심히 생활하는 우리 집의 기둥이요 재원입니다.

당신 정말로 사랑합니다.

2012. 4. 18.

남편 **이 진 술** 드림

♥도밍고 당신!

여보! 이렇게 불러보면서 옆자리에 앉아 있는 당신을 보면 지금 한없이 행복을 느낍니다.

그동안 살아오면서 제 자신의 오만과 자존심으로 인하여 당신의 말이나 뜻이 옳다고 느끼면서도 엇길을 가고 당신의 뜻을 거스르고 애태웠던 때를 생각하면, 그때 왜 그랬을까? 그렇지 않았다면 더욱 행복하고 따뜻한 가정이 되었을 것을, 하면서 후회를 하기도 합니다.

비록 행동은 비뚤게 했어도 마음가운데서는 항상 우리 집을 위해 열정적으로 헌신하고 중심을 잡고 살아가는 당신이 자랑스러웠고 믿음직스러웠답니다.

그동안 신발 한 번 깨끗이 닦아드리지 못한 점이 늘 마음속까지 미안했답니다. 직장에 있을 때는 시간에 쫓겨 못했지만 지금은 느긋하게 할 수 있는데 못하는 걸 보면 우리가 너무 믿기 때문인 거 같아요. 앞으로는 제 힘이 닿는 데까지 받들겠습니다.

제가 화가 나서 말을 하지 않으면 "이제 잔소리를 듣지 않아 좋다."고 하신 말씀으로 그동안 제가 얼마나 잔소리가 심했나 짐작이 가는군요.

저도 제가 왜 자꾸 잔소리를 하는지 알 수 없어요. 아마 자신이 없고 초라해진 내 모습에서 오는 열등감 때문인 것 같습니다. 때가 늦은 감이 없지 않지만 저도 제 자신을 위해 노력하고 채찍질하여 삶의 보람을 느끼며 속이 꽉 찬 인생으로 살아가도록 노력할게요.

당신이 오래 참고 기다려준 덕분에 우리 집 아이들이 이렇게 사회에 봉사하고 가정에 충실하며 행복한 생활을 할 수 있다고 생각하여 저는 매일 매일 감사하고 또 감사한답니다.

오늘 여기 이곳이 제게는 한없이 행복한 자리이고 시간입니다. 고마워요.

2008. 5. 3.

한티성지에서 **마 리 아**가

十찬미예수

마리아 씨를 생각하며

마리아 씨! 밤새 안녕하셨어요?

차가운 방에서 혼자 지내며 고생하는 모습이 선합니다.

지금 이 시간 당장 버스를 타고 당신이 계시는 그 곳으로 달려가고 싶지만, 차가 다닐 수 없는 자정의 시간입니다.

내일 오후 퇴근 시 삼호다방에서 만나요. 안녕히.

1970. 2. 3.

이 진 술 드림

十찬미예수

사랑하는 마리아 씨!

밤새 안녕하세요?

저는 6시 30분 기상을 해서 오늘 할 일을 정리합니다. 바쁜 아침시간이지만 마리아 씨를 생각하면서 펜을 들었습니다.

사랑하는 마리아 씨!

지금부터 우리의 가슴에 간직한 희망과 결의를 다짐하면서 차분히 정진해 나갑시다.

지금부터는 자주 당신의 가정을 방문하겠습니다. 어머님께서 당신의 생활태도, 남을 배려하는 마음이 특이하다고 크게 칭찬하셨습니다. 나는 덩달아 내가 칭찬받은 것처럼 좋았습니다.

내가 당신을 바라보는 눈이 틀리지 않았다고 생각합니다. 어머님의 뜻에 따르고 이 도밍고를 위하여 빨리 결혼을 추진하고 싶습니다. 안녕히.

1970. 2. 16.

아침 7시 30분 **이 진 술**

十찬미예수

영원한 아내 최 마리아 씨!

밤 12시 사이렌 소리가 밤의 찬 공기를 깨뜨려줍니다.

마리아 집을 떠나오면서 허둥지둥 버스에 몸을 싣기까지 바쁜 걸음이었습니다.

이제 평생 마리아를 보호해 줄 의무를 가진 남편! 나의 보호를 받으면서 나의 뜻을 이해하면서 나의 마음을 받을 영원한 아내 최 마리아 씨!

나 이 도밍고는 평생 고생만 한 어머니의 아들이고, 내 형님의 동생이기에 자아를 망각한 생활태도는 내가 이 세상에 존재하는 한 하지 않을 것입니다.

나는 고향에 계시는 어머니와 형님께 효도와 공경을 하면서 살 것입니다.

제가 학보병으로 근무한 사단의 구호는 '할 수 있다(can do)'였습니다. 이 짧은 문구가 제게는 감동으로 다가왔습니다. 뜻과 용기와 집념은 가정에서 나온다고 생각합니다.

이 밤 편히 잠드십시오.

1970. 2. 17 밤

이 진 술 드림

十찬미예수

나의 아내 마리아

통금의 사이렌 소리가 울린 지 1분이 지났습니다.

인간의 근본은 사랑과 믿음입니다. 믿음이 없는 곳에 참 사랑이 있을 수 없고 참 사랑이 없는 곳에 믿음이 있을 수 없어요. 나의 온 생명을 다 바쳐 마리아를 영원히 사랑하겠습니다.

마리아 씨!

적어도 당신과 나는 뜻으로 뭉쳤기 때문에 어떠한 고난도 박차고 나갈 것입니다. 저는 한 남편의 건전한 성장은 부인의 따뜻한 내조에 있다는 믿음을 가지고 있습니다. 이 도밍고는 신념과 뜻을 값어치 없이 땅 속에 파묻고 싶지 않습니다.

아직 이룩하지 못한 경제적 터전이지만 우리 크게 웃음 웃을 날이 올 것입니다. 그리고 평화와 희망이 우리들의 보금자리 속으로 빨리 오라고 불러봅니다.

일상사에 충실하시는 당신에게 나는 항상 성실을 나타내겠습니다.

1970. 3. 14 밤 12시

이 진 술 드림

사랑하는 딸 루시아

사랑하는 네가 꿈과 의지를 살려 고전문학을 전공하여 오늘 문학박사 학위를 취득하니 우리 가족 모두에게 희망과 기쁨의 선물이 되는구나.

붉은 색 학위복을 입고, 수여식장에 앉아있는 너를 바라보며 가슴 벅찬 환희에 젖어 있다. 네가 원하는 모교에서 학문연구를 계속하며 후학을 가르칠 수 있다니 이보다 더 큰 영광이 있겠는가.

이 아빠는 너를 위해 별로 한 것이 없는데도, 네가 알아서 스스로 자신의 길을 개척했다. 너는 맏딸로서 소임을 충실히 이행해왔기에 아빠와 엄마는 언제나 마음 든든하다. 세 동생을 잘 건사하여 동생들 은주, 소정, 남정이도 전공을 살려 사회 각 분야에서 자기의 역할을 하고 있으니 모두가 자랑스럽다.

네가 초등학교 5학년 때는 엄마를 따라 성주군 수륜면 명륜초등학교를 다녔지. 매주 토요일이면 아빠는 반찬을 사들고 너희들을 찾았다. 일요일 오후면 늦게 막차 버스를 타고 왔다. 한 번은 수륜면 송계동 집 앞에서 탈 수 있는 막차를 놓쳐서 성주 읍내까지 10여리 길을 걸어가서 버스를 타야만 했다. 앞만 보며 바삐 걷고 있는데 멀리서 '아빠' 하는 소리가 들렸다. 돌아보니 네가 손을 흔들며 논두렁, 밭두렁을 뛰어넘어 샛길로 달려와서 나를 배웅했다. 오랜 세월동안 그날 너의 마음을 생각했다.

그때 너희들은 산골에 남겨놓고 대구에서 혼자 자취를 했다. 나의 능력을 의심하였고 정직성을 부정하고, 내 자신을 자책하기도 했다. 그러나 아빠를 그리워하는 그 마음과 정이 나를 한 번 더 생각하게 되었다.

사랑하는 나의 딸 루시아!

네가 중심을 잡아 열심히 공부하였기에 동생들도 본을 보고 열심히 노력했다. 평소 곶감을 좋아하는 아빠의 식성을 알고, 너는 수시로 냉장고에다 곶감을 연중 비치하고 있다. 또 6개월마다 정기검진하는 갑상선검진과 안과검진 시 미리 예약하고, 진료비를 내고, 마음 편하게 모시는 자상한 너의 마음을 잊을 수 없다.

루시아야, 너도 알다시피 우리 집은 40년 된 허물어져가는 양옥이다. 그러다보니 30여 년 된 감나무가 세 그루 있지. 매년 가을이면 대봉감이 붉게 물들어 자태를 뽐내고 있다. 감을 쳐다보는 사람마다 탐을 냈지. 그래서인지 40년을 함께 한 이웃들은 우리 집을 '감나무집'이라 불렀다.

그런데 최근에는 '고시집'이라 부른다. 너희들 네 쌍의 부부 중 고시2명, 박사 3명, 교수 2명이 탄생했기 때문일 것이다. 너희들이 각고의 노력을 한 결과라 생각한다.

아빠는 나의 맏딸 루시아 만큼 부모님을 위해 노력하는 사람은 없다고 생각한다.

나의 딸 루시아!

아빠의 마지막 바람이 있다면, 너희 4형제가 항상 건강하고 우애 있게 지내며 자녀교육에 더욱더 신경 쓰고 그리고 항상 행복하게 재미나게 사는 것이다.

안녕, 안녕, 안녕.

2011. 8. 26.

아 빠 가

♡아빠, 엄마! 막내딸 남정이에요^^

어릴 때 어버이날이 되면 멋진 카네이션 바구니를 사고 싶은데, 돈 썼다고 꾸중 들을까봐 카네이션 한 송이를 겨우 사 놓고는, 그걸 전해주는 아침이 될 때까지 조금은 두려웠어요. 그래서 항상 결심했던 게 '어른이 되면 당당하게 좋은 선물 많이 사드려야지' 했는데 막상 어른이 되고 시집을 와서도 늘 받기만 하지 뭐 하나 해 드린 게 없네요.

드라마에 나오는 딸들처럼 '사랑한다, 고맙다' 표현도 많이 하고, 좋은 것도 많이 해드리고 싶은데, 천생 무뚝뚝한 경상도 여자인지라 표현이 쉽지 않아요.

하지만 오늘은 제가 부모 돼서 처음으로 맞이하는 어버이날이니 이번만은 제 마음을 좀 표현하려고 펜을 들었어요.^^ 새삼스럽게 이런 말 하려니 좀 우습지만, 여태껏 예쁘게 잘 키워주셔서 감사드려요! 전 아들도 아니고, 특출하게 잘난 부분도 없는 넷째 딸이라 엄마아빠가 절 별로 안 예뻐했을 것이라고 어릴 때부터 막연히 생각해 왔어요. 그런데 봄이를 낳고 보니 맙소사, 잘못된 생각이었네요……. 부모에게 자식이 어떤 존재인지 이제야 좀 알 것 같아요. 우릴 어떤 마음으로 키우셨을지, 사소해 보이는 일에도 왜 그렇게 걱정이 많으셨는지도……. 봄이를 낳기 전에는 정말 몰랐었거든요!

(하하, 제가 이제 진짜 어른이 돼가는 걸까요?^ㅇ^)

음… 또, 산후조리 편하게 시켜주시고, 봄이도 수월하게 키울 수 있도록 도와주셔서 정말 고마워요. 집에서 마음 쓰여 하셨을 아빠, 그리고 장을 한보따리씩 보아 들고 하루에도 두 번씩 밤낮으로 와주신 엄마……. 말로는 다 표현이 안 되는 마음이에요.

늘 너무나 감사하고, 사랑합니다 ♡

언젠가는 제가 제대로(?) 효도할 수 있는 날이 오면 좋겠어요. 헤헤~^^

항상 '건강 또 건강'하시고 행복하셔요.

2011. 5. 8.

봄이 잠든 새벽에

막내딸 **남 정** 드림

숙부님께

고향을 그리워하는 순수한 정과
가까운 대구에서도 논공의 어머니를 그리워하는 효심이,
더운 날에는 서늘한 '바람처럼'
때로는 '구름처럼'
그렇게 살라고 저를 깨우쳐 주십니다.

병자 새해에도 진솔하고 의미 있는 창착활동 왕성하시고 숙부님 가정에 건강과 주님 평화 함께 하시길 빕니다.

1996. 5.
문경에서 질서 **장 수** 드림

자형 님께

지난 9월 19일 질녀 결혼식에서, 자형 내외분을 뵈옵고 사랑스런 질녀의 결혼을 진심어린 마음으로 축원하였습니다.

죄송하게도 오랫동안 자형 내외분과 소원하게 지냈습니다.

자형이 사시는, 미역으로 유명한 기장 땅을 처음 밟은 순간 감회가 컸습니다. 자형께서 바쁜 와중에도 저희 선물까지도 챙겨주셔서, 그 알뜰한 마음 진심으로 감사를 드립니다. 미역, 멸치 등은 태술이 동생이 안 가져가겠다고 하기에 제가 모두 가져왔습니다. 추석 때 고향의 형님과 나누어 먹겠습니다.

고향의 형님도 비록 참석은 못했지만, 마음속으로 질녀의 결혼을 축하했을 겁니다.

늦었지만 제 수필집 『바람처럼, 구름처럼』을 송부합니다. 시간이 나면 읽어보십시오. 저의 생각, 사상, 학창시절의 공부태도, 어머니, 형님의 사랑이 고스란히 담겨있습니다.

이제 30여 년 간의 공직생활도 곧 정리합니다. 이젠 시간이 허락하는 대로 서로 왕래해야 할 줄 믿습니다.

가족 모두 건강하시고 평안하시길 빕니다.

1998. 9. 21.

처남 **이 진 술** 드림

이진술 수필집
가슴에 접어둔 보랏빛 편지

2019년 1월 2일 인쇄
2019년 1월 7일 발행

지은이 / 이진술
펴낸이 / 손희경
펴낸곳 / 책마을
등록제 342-2007-00005호

주소 / 서울시 중구 마른내로6길 32 2층
(인현동2가 189-24)
전화 (02) 2272-9113
FAX (02) 2263-9725
E-mail / moonin02@hanmail.net

값 12,000원

ISBN 978-89-93329-32-2 03810